セラピスト・心理カウンセラー
鈴木清和

恋愛 仕事 人間関係

「思考」をつくる心の奥の秘密

すべてはハッピーに変えられる

パブラボ

プロローグ――がんばっているあなたへ。悩んでいるあなたへ

この本は、本気で何かしら人生を好転させたいと願う人のために、熱い想いを込めて書きました。

なぜなら、本書に書かれているようなことを知らないばかりに、人生に苦しみを抱えたままになっていたり、望んだ人生を生きられないでいたりする人が世の中にあまりに多いと感じたからです。一人でも多くの人が人生を好転させるきっかけをつかんでいただきたいと思っています。

世の中には、チャンスをつかめる人とつかめない人、幸せになれる人となれない人、成功できる人とできない人などの違いがあります。異性運がよい人と異性運が悪い人という違いもあります。そして、その違いの大部分は、いわゆる能力とは関係がありません。

あなた自身は、自分のことをどう感じていますか？

チャンスをつかめる人ですか？
望みがよく叶えられるほうですか？
よいパートナーに恵まれていますか？
経済的に満足していますか？

この本を書いている私自身は、かつては、これらすべてが悲惨なくらいＮＯでした。けれども今は、これらすべてがＹＥＳです。かつての私は、それだけ生きるのがしんどかったわけです。けれども、その当時は、自分が心理療法の対象になりうるなんてまったく思っていませんでしたし、何かが変えられるとも思ってはいませんでした。しかし、その後、人間の心の問題を深く探究することで、何が人生を左右するのか、その仕組みがわかってきたのです。

これらの違いは、一言でいって「考え方」の違いによるものです。人間の意識の約90％が「潜在意識」といって、自分では気づかない意識によって占められています。そして、人生は、この潜在意識がどういう考え方をするかで大部分が決まっているのです。

あなたは、「そんなことは、とっくに知っているし、だから自己暗示などいろいろやったけど効果を感じられませんでしたよ。また似たような話ですか？」と思っているかもしれません。

では、おたずねします。

あなたが望んだような人生を生きていないのだとしたら、それを阻《はば》む「考え方」は、具体的にどういうものか気がついていますか？

本書の1～2章は、それを具体的に明らかにするために書かれています。

実は、潜在意識の考え方のベースは、あなたがまだ幼かった頃に体験したことを、無意識のうちにどう解釈して信じ込んだかによって決まります。そして、潜在意識がどういう考え方をしているのかについては、普段自覚することがほとんどありません。

日本では古くから「三つ子の魂百まで」ということわざがありますが、これはまさにこのことを指しています。

いうなれば、潜在意識の深いところには幼い頃の感情や考え方が潜んでいて、私たちの人生に大きな影響を与えているのです。この、幼い頃の感情や考え方は、あたかも幼子が心の中に住んでいるようである、ということから「インナーチャイルド」と呼ばれます。

このインナーチャイルドに焦点を当てたカウンセリングや著書も世の中にはいろいろあります。それでも、ほとんど知られていないことがあります。それは、一言でインナーチャイルドといっても、人によっていろいろなタイプのインナーチャイルドがいるということです。

潜在意識の考え方を変えるためには、まずどんな考え方があるのかを特定する必要があります。

本書では、どのような考え方をもったインナーチャイルドがいるのかという分類とそれを特定する方法を紹介しています。読者のあなたは、読み進めるうちに、あなたの心の中に具体的にどういうタイプのインナーチャイルドがいるのかを特定することができます。

また、本書では、インナーチャイルドよりもさらに深いレベルで、「インナーベビー」について紹介しています。

インナーベビーというのは私の造語です。これを発見したことが私のカウンセリング技法の飛躍的な発展をもたらしました。著書に書かれるのは、本書が初めてです。

これについても、あなたの中に具体的にどんなインナーベビーがいて、人生にどんな影響を与えているのかを特定できます。

さらに、インナーチャイルドやインナーベビーよりも深いレベルには、あなたの「魂《たましい》」が存在します。いうなればあなたの本質です。そして、魂の性質は人によって異なります。どの性質がよく、どの性質がよくないというようなことはありません。どの性質の魂もすべて人生に輝きと真の目的を与えてくれるすばらしいものです。

ただし、あなたはご自身の魂の本質について、気がついていないか、抑圧しているか、誤解している可能性が高いのです。このことについても本書の中で明らかになるでしょう。


潜在意識の考え方が変われば、仕事運、異性運、人間関係、経済的な豊かさなどすべて好転させることができます。しかし、そのためには、まず自分を深く知り、潜在意識にどのような考え方があったのかに気がつく必要があります。

そして、あなたが、心から納得して、インナーチャイルドやインナーベビーの考え方を変更することを決めれば、それは変えることが可能なのです。本書では、自分で潜在意識の考え方を変更していくセルフワークの方法も紹介しています。

本書が、あなたがより深く自分を知り、心から満足のいく人生を実現していく手助けになれば、著者にとってこのうえない喜びです。

目次

第2章 あなたのインナーチャイルドのタイプは？

目次

第3章 あなたのインナーベビーのタイプは？

目次

第4章 潜在意識に働きかけるセルフワーク

目次

第5章 もうひとつの視点から「幸せ」を考えてみる

第1章
あなたが気づいていない
心の奥の世界

あなたがもっと幸せになれないのはなぜか？

「あなたは、もっと幸せになりたいですか？」

こう質問したら、あなたはためらわずに「はい、もちろんです」と答えると思います。

では、質問を変えてみましょう。

「あなたは、自分がもっと幸せになることを自分に許可していますか？」

あなたは少し面食らって、「えっ？」と思うかもしれませんね。

さらに、この質問の「幸せ」という言葉を「成功」とか「愛される」など、あなたの望みを表すほかの言葉に置き換えてみてください。

「あなたは、自分が成功することを自分に許可していますか？」

「あなたは、自分が愛されることを自分に許可していますか？」

いかがですか？　ストレートに「幸せになりたいですか？」「成功したいですか？」「愛されたいですか？」と聞かれた場合は、「はい！」と答えることができても、「許可していますか？」あるいは、「それは可能ですか？」と表現を変えて聞かれると、「うーん」と答えに詰まってしまうのではないでしょうか。

「思い＝思考」に許可を与える、あるいは可能かどうかを判断するなんてことは考えないのが普通です。でも、あなたが意識していない心の奥のほうでは、この「許可をする・しない」「できる・できない」の選択をあなた自身が行っています。

つまり、幸せではない、成功できない、愛されないと感じているのは、あなたが自分自身に「許可をしていない」からか「できないと信じている」からなのです。

心の奥に潜むネガティブな「思い込み」

あなたが知らないうちに「許可する・しない」「できる・できない」の選択を行ってい

る「心の奥のほう」のことを「潜在意識」といいます。

人間の意識の約90％は、潜在意識に占められており、潜在意識に自分の願望を伝えると願いが叶うといわれています。


私は、20年近くセラピストとカウンセラーをしてきて、その間に延べ数万人の人の心や体の問題にかかわってきました。その経験から、幸せになりたいと思っていても潜在意識では、それに相反する「思い込み」ががっちりと根づいているケースがものすごく多いことがわかりました。

例えば、「私は幸せになる価値がない」「私は幸せになれない」などの思い込みです。このようなケースでは、「自分が幸せになってはいけない」「自分が幸せになることはできない」という思い込みが、無意識のうちに幸せを遠ざけてしまっていることが原因になっています。

ほかには、成功すること、自分を表現すること、注目されること、魅力的になること、異性から愛されること、さらには健康になることを自分に許可していない、あるいはできないと信じているケースもあります。

このように、多くの人の潜在意識には、その人が知らず知らずのうちに、幸せになることや成功することを妨げ、人生に制限を設けるようなネガティブな思い込みが潜んでいるのです。

「えっ？　そんなバカな！」と思う人も多いかもしれませんね。けれども、これは、おびただしい事例を通じて確認された事実なのです。

ですから、どんなに幸せや成功を夢見て願いを実現するために、さまざまな努力をし、たくさんのテクニックを用いても、潜在意識にそれに相反するネガティブな思い込みががっちり居座っているために、現実は変わらないのです。

人生に転機が訪れた4人のケース。一体なぜ？

もう少し、具体的な事例で説明しましょう。

実は私のパートナーは、美容研究家で、特に若返りとダイエットで目覚ましい成果を上げていたのですが、なぜか取材を受けたことがありませんでした。

そこで、ある特殊な装置を使って、彼女の潜在意識が自分にそれを許可しているかどうかをテストしました。すると、「私が世の中に大きな影響を与えてもOKです」という問いかけに対して見事にNOの反応が返ってきました。その後、その理由を調べて、潜在意識の思い込みを変更したところ、同じ質問に対する反応がYESに変わったのです。
すると、なんと続けざま二つのテレビ局から取材の申し込みがあり、彼女はテレビに出演することになったのです。そして反響は絶大でした。

ある俳優さんのケースです。この方は、実力も経験もありながら、これまで主演になったことがありませんでした。
同様に潜在意識のテストをすると、「私は主演になることを自分に許可しています」という問いかけに対してNOという反応が返ってきました。そこで、その理由を調べて、潜在意識の思い込みを変更したところ、しばらくしてあるドラマの主演に決まったのでした。

ある起業家のケースです。自分で事業を立ち上げて、ある程度の収入は得ていたのですが、収入があるレベルを超えようとするとさまざまなトラブルに見舞われていました。結局、収入があるレベルで頭打ちになっていたのです。

このケースでは、具体的な金額でテストしたところ、潜在意識があるレベル以上の収入を得ることを許可していないことがわかりました。そこで、その金額にどういう意味があるのか調べ、明らかにしました。そして、そのもとにあった潜在意識の思い込みを変更したところ、収入が約2倍以上に増えました。

結婚を希望するある女性のケースです。よいご縁がなかなかなく、よいご縁があってもチャンスを逃し続けていました。

潜在意識をテストすると、「私は結婚して幸せになることが可能です」という問いかけに対してNOの反応が返ってきました。その理由を調べて、潜在意識の思い込みを変更したところ、ほどなく理想的な相手が現れて結婚しました。今でも幸せそうです。

このような事例は、枚挙にいとまがありません。そして、これらの自分に対する不許可や不可能という思い込みは、すべて「インナーチャイルド」のなせる技だったのです。

これらの事例は、インナーチャイルドのネガティブな思い込みを特定して解消できれば、多くの悩みや苦しみから解放され、人生を心から望んだように変えられることを示しています（これらの事例での具体的な思い込みは、後ほど紹介します）。

そして、このことは今この本を手に取っている、あなたも例外ではないのです。

心の中に存在するインナーチャイルド・インナーベビーとは

人間の潜在意識は、お母さんのおなかの中にいるときから始まって8歳くらいまでの時期、特に3歳になる前につくられた感情や思い込みがベースになっています。このような思考パターンのことを本書では、「インナーチャイルド（内なる子ども）」と表現しています。

また、このインナーチャイルドの前身として、もっと幼い頃に芽生えた感情や思い込みがあります。このような思考パターンのことを本書では「インナーベビー」と呼んでいます。

インナーチャイルドとインナーベビーの関係を単純化して説明しましょう。

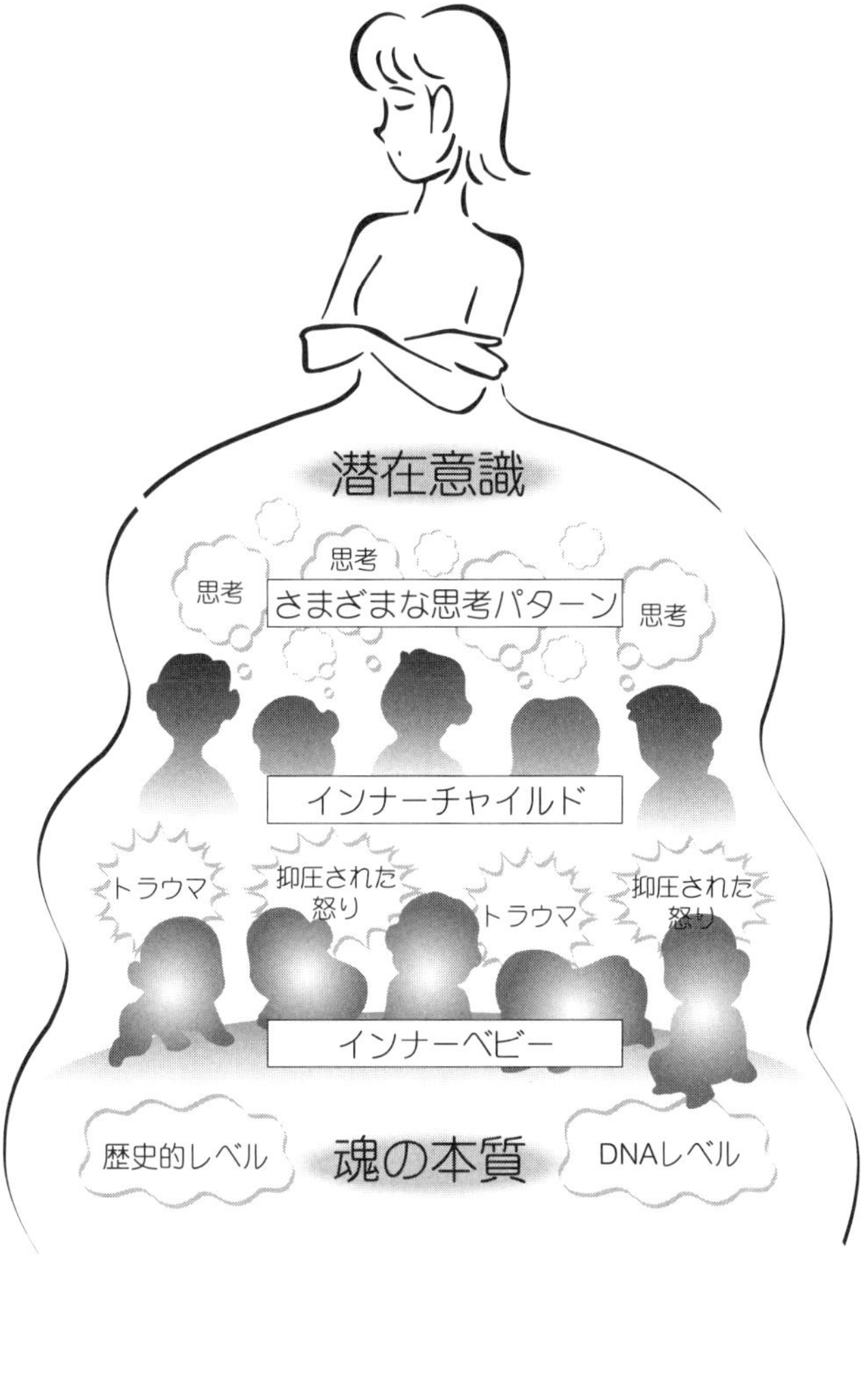
潜在意識
思考
思考
さまざまな思考パターン
思考
インナーチャイルド
トラウマ
抑圧された怒り
トラウマ
抑圧された怒り
インナーベビー
歴史的レベル
魂の本質
DNAレベル

人は誰でも「自分は大切にされて喜んでお世話をしてもらえるべきだ」といった思考をもってこの世に生まれてきます。誰もがです。そして、このような「大切にされるべき」「愛されるべき」などの「〜されるべき」という思考パターンの一部は、隠されてはいますが大人になっても残っています。こうした感情や思い込みがインナーベビーです。

赤ちゃんはインナーベビーの思考から、お世話をしてもらう必要があるときに泣くという反応を起こします。これは、赤ちゃんのときには必要なことです。

では、泣いているのに、お母さんがすぐに対応できなかったり、放っておかれたり、イライラしながらぞんざいな扱いをされることが繰り返されたとしたらどうなると思いますか？

赤ちゃんは、「自分は大切にされていない」と感じてしまい、「私は厄介者」という自己イメージができたり、「私は拒絶される」とか、「私は見捨てられる」と思い込んだりするのです。

そして、こうした思い込みがだんだん固定したものに定着していくとインナーチャイルドが形成されます。

後でくわしく説明しますが、インナーチャイルドは完全な悪者というわけではありません。成長のある過程までは役に立つ側面があるからです。

例えば、自分を厄介者と思ったり、見捨てられると思ったりする思考が、できるだけ手をかけさせないようにして、自分でできることは自分でやろうという新しい思考をつくり出して、成長に役立った場合もあります。

けれども問題は、それらの思考パターン（インナーチャイルド）が、大人になってもう必要がなくなったのに潜在意識の中に残っており、その子があなたに制限を加えたり、自信をもてなくさせたり、不必要な思い込みをさせることで、ストレスや苦しみの原因になっていることです。

自分でも気がつかないうちに、潜在意識にいるインナーチャイルドが、自分を厄介者だと思って遠慮させたり、拒絶されると思って人と親密になることを避けさせたり、見捨てられると思って不安にさせたりするのです。

成長するに従って、インナーベビーやインナーチャイルドは、メリットよりもはるかに多くのデメリットをもたらしています。でも、あなたの潜在意識は、それに気づいていません。ですから、あなたが気づいて教えてあげる必要があるのです。今となってはもはや不必要になったインナーチャイルドとインナーベビーの存在に気づき、それらに変わる新しい考え方に置き換えるのです。

潜在意識の思い込みは胎児期から始まる

胎児期や赤ちゃん時代は脳が未熟なので、簡単に傷ついたり短絡的に解釈しやすいものです。

例えば、幼いときに、いろいろなものによじ上ったり、いじりまわしたりするのを親が「危ないから」という理由でやめさせようとしたのを、「いつも邪魔される」とか、「いつも否定される」と受け取ってしまう場合があります。また、何か事情があって預けられたのを「捨てられる」と勘違いしたり、自分が見ていない場所から見守られているのに「いつもほったらかしにされる」と思い込んだりもします。

そして、夫婦げんかが絶えなかった両親の子どもとして生まれた人の潜在意識には、「この世界はつねに争いがあって危険」とか、「結婚とは傷つけ合うことだ」という思い込みがしばしば見受けられます。

もっと深刻なケースでは、出生時に、難産、未熟児出産、逆子、チアノーゼ、予定外出産によるパニックなどがトラウマ（心的外傷。事故、虐待や育児放棄などによって生じるもの）を残すことがあります。周囲の医療従事者が深刻な様子で対処しているのを感じて、「自分が存在することは何かまずいことらしい」と感じていた事例がありました。

保育器の中で放置されている感じがして、「捨てられるのではないか」という不安をもっていたケースもありました。

そういったことは未熟な脳の理解を超えており、「この世界は生きるのがむずかしい場所だ」とか、「私は人から嫌がられている」「私は何か異常らしい」といった思い込みがつくられてしまうのです。

また胎児期に、妊娠を歓迎されなかった人の潜在意識には、「私はいらない子」「私は捨てられる」といった思い込みが見受けられます。父親や姑などからの母親に対する暴力や叱責が、胎児期に「私はいつも攻撃される」といった思い込みをつくるケースもあります。

「お母さんのおなかの中にいるときにいろいろ感じ取っているなんて……本当？」と思うかもしれませんね。でも、これは医学的にも証明されていることなのです（参考文献：トマス・バーニー著『胎児は見ている――最新医学が証した神秘の胎内生活』祥伝社）。

ひとたび思い込みができると、次々に似たような傾向の思い込みができてしまい、雪だるまのようにふくらんで塊《かたまり》のようになります。これがインナーチャイルドの正体なのです。

例えば、最初にできた思い込みが「私は捨てられる」だとしたら、生い立ち過程で「私は見捨てられる」「私は置いてきぼりにされる」「私は裏切られる」などの思い込みもつくられてしまう可能性が高いのです。

「なぜ、幼い頃の記憶がないのに、思い込みができたことがわかるの？」と思うかもしれませんね。

何らかのはっきりしたトラウマが記憶にあれば、どうやってインナーチャイルドの核になる思い込みが生じたのかがすぐにわかります。しかし実際には、はっきりしたトラウマがないのに、かなり強くインナーチャイルドができている人が多いのです。

そこで私は、カウンセリングの中でクライアントさんがまだお母さんのおなかの中にいたときの状況や出生時の状態、家族関係などくわしく調べました。また、多くの文献も参考にしました。さらに、潜在意識にどんな隠れた思い込みがあるのか特殊な装置を使って調べてデータを蓄積してきました。こうしたなかで、特別なトラウマがない人でもどうやってインナーチャイルドの核になる思い込みができたのかわかってきたのです。

潜在意識の思い込みが制限になっている？

ほとんどの人は3歳以前の記憶を思い出すことはできません。それまでにつくられた思い込みは、自分で気づくこともなく潜在意識に深く潜り込んでしまい、インナーチャイルドとして、あなたの考え方や態度、行動を無意識のうちに操っています。これが、あなたが今以上の幸せを手に入れることができない原因にもなっているのです。

3歳以降でもトラウマなどが原因でネガティブな思考パターンがつくられる場合があります。また、特別なトラウマがなくても、ほとんどの人が何らかの刷り込みによってネガティブな思い込みをもっているものなのです。これらもインナーチャイルドとなっていきます。

もし、あなたが今、望みどおりの人生を生きていないのだとしたら、そしてその原因がごく幼いときにつくられたインナーチャイルドにあるのだとしたら、それを明るみに出して解消してしまいましょう。インナーチャイルドの心のクセ（思い込み）を見つけて解消することで、あなたの人生はきっと好転するはずです。

もしあなたが、パソコンにくわしいなら、こう考えてみてください。大幅に機能に制限のついた設定のままでパソコンを使っていた状態から、自分の用途に合わせてカスタマイズするとはるかに性能がよくなるようなものだと。

あるいは、『ハリー・ポッター』のようなファンタジーが好きなら、こう考えるといいかもしれません。それは、何十年も前に自分の人生にかけられた呪いを解いて、本来神に与えられていたパワーを復活させるために冒険に出かけるようなものだと。

思い込みを解消するためには、まず特定を！

繰り返しますが、あなたが、よいパートナーを得ることとなり、仕事上で成功することとなり、よい人間関係を得ることとなり、より経済的に豊かになることを望んでいて、もしそれが叶っていないとしたら、潜在意識がそれを不可能だと信じているか、自分に許可していない可能性が高いのです。

そして、その原因のほとんどは、インナーチャイルドの思い込みにあるのです。それを変えるためには、原因となっているインナーチャイルドと、その核になっている思い込みを特定する必要があります。

インナーチャイルドは、実は私の知る限り全部で11タイプありますが、本書では、特にありがちで影響力の強い5つのタイプにしぼっています（36ページ参照）。

心の中に隠れているインナーチャイルドは、複数いるのが一般的ですが、そのタイプ、数、強さ、現れ方は、人それぞれです。

主なインナーチャイルドたち

恥と卑下のチャイルド

自分の存在自体が好ましくない、価値がない、欠陥があるという思い込みがある子。羞恥心、罪悪感をもっている。

いじめられ不信チャイルド

自分はひどい扱いをされるだろうという思い込みがある子。恐怖感、不信感、怒りを抱いている。

見捨てられ不安チャイルド

絆が不安定で失われていくという思い込みがある子。見捨てられるのではないかと不安に思っている。

失敗予測チャイルド

自分がやることは失敗するという思い込みがある子。自分がやることの結果を悲観的に考える。

罰と罪悪感のチャイルド

誤りを犯したり、失敗をしたりすると、罰として苦痛が与えられるという思い込みがある子。罪悪感、自責の念、自他への怒りを抱いている。

自分の心の中のインナーチャイルドに直面するのは、従来の常識では専門家の助けがいる大変な作業と考えられてきました。本書は、それを誰でも楽に直面し、気がつけるような仕組みになっています。

本書では、インナーチャイルドのタイプを特定するために10問ずつ、5回もの自己チェックがあります（第2章にあります）。これによって、あなたの心の中にどんなタイプのインナーチャイルドが潜んでいるのかが特定され、そのコア（核）にある思い込みがわかれば、それを変更して解消することも可能になります（思い込みを変更、解消する方法は、第4章で紹介しています）。

インナーチャイルドたちの3つの行動パターン

このインナーチャイルドたちが心の中に隠れていると、無意識のうちに影響を受けている場合もあれば、インナーチャイルドの考え方や感情そのものにおちいることもあります。

その考え方や態度、行動を大別すると次の3通りになります。

①いいなりモード……思い込みの内容そのものを現実化しようとする。

※自分自身の態度として現れる場合と、思い込みの内容が、自分を取り巻く現実となって現れてくる（引き寄せ）の場合があります。

②逃げモード…………思い込みの示す結果を避けようとする。

③しゃかりきモード……思い込みが示す内容を補ってあまりあるほど努力しようとする、または戦う。

このように、モードが切り替わっていろいろな現れ方をするのがインナーチャイルドの特徴です。そのため、インナーチャイルドがとらえにくい理由にもなっています。

一例をあげてみましょう。

恥と卑下のチャイルドがいる人の場合、「いいなりモード」では、恥ずかしがる、卑屈になる、遠慮する、萎縮する、結果的に我慢するなどの傾向が現れます。また、自己主張や自己表現が苦手で周囲から無視や軽視をされたり、実際の能力や努力の割には報《むく》いが少なく、評価してもらえない傾向があります。

「逃げモード」の場合、人と親密になったり、目立つ行動をとると、ぼろやあらが出て、恥をかくか軽蔑されるのではないかと恐れ、人づきあいや注目されることを避けようとします。

「しゃかりきモード」の場合、自分が人より何か劣る分、人より多く努力しなければならないという強迫観念からがんばる傾向があります。また、自分に対して、「こんなんじゃダメだ、まだまだだ」とプレッシャーをかけたり、完璧主義だったりする傾向があります。

例えばこのように、それぞれのインナーチャイルドのタイプごとに、「いいなりモード」「逃げモード」「しゃかりきモード」という3つの異なる現れ方があります。

実は、この本を書いている私は、典型的に**恥と卑下のチャイルド**が心の中にいました。子どもの頃は、人見知りが激しく恥ずかしがり屋でした。営業職だった頃は、サービス残業をして休日まで返上して働いていました。それぐらい働かないと自分の価値が認められないと感じていたのです。人一倍、人から認めてもらうことを渇望していたくせに、人事部の人から「将来どこの部署で働きたいか」と聞かれると、「私は特に何も望んではいません」と答えてしまうのでした。結局、最も望まない部署に転属になり、それから半年程度で退職することとなりました。トホホな話ですよね。

いつもあなたとともにいるインナーチャイルドたち

インナーチャイルドやインナーベビーは、普段でもあなたの思考に影響を与え続けています。そして、隠れたインナーチャイルドは、時々顕在意識に現れて思考を支配します。

例えば、仕事が順調にいっているときには自信をもっているように見えた人が、ミスをして責められたとたんに「自分は職場のお荷物だからもう辞めたほうがよいのではないか」などと極端な考え方におちいるような場面です。

別な事例では、普段は普通にコミュニケーションができる人なのに、何かが癪《しゃく》に障《さわ》ったとたんにキレるような場合もたいがいはインナーチャイルドやインナーベビーのしわざです。

ほとんどの人は、何かしらのインナーチャイルドやインナーベビーを潜在意識に抱えています。ただ、そのことが苦痛や問題を引き起こしている場合とそうでもない場合はあります。

それは、その人の今現在置かれた環境との関係が大きな要因のひとつとなっています。また、インナーチャイルドやインナーベビーの未熟さを補うような思考を発達させることができたかどうかにもよります。

例えば、**いじめられ不信チャイルド**がいるとしても、現在、友好的で親切な人に囲まれている場合、そのチャイルドは眠り込んだような状態になっているかもしれません。

また、**恥と卑下のチャイルド**がいるとしても、「しゃかりきモード」で、向上心につながっていて、その結果能力を獲得し、周囲からもよい評価が得られているような状態では、マイナス面が表に出にくくなります。むしろ、それがまた周囲からは、「あれだけ有能なのに謙虚だ」とよい評価につながっている場合さえあります。

しかし、インナーチャイルドやインナーベビーは柔軟性に欠けており、環境や状況が変わると一転して苦痛や問題を起こす可能性があります。批判的で辛辣《しんらつ》な上司にあたったり、何かのミスがもとで批判にさらされるようになったとたん、それまでのバランスがガタガタに崩れてしまう場合があります。

では、インナーチャイルドやインナーベビーが現れてくる頻度や強さはどうやって決まっているのでしょうか。

それはたくさんの要因が複雑に関係します。まず、インナーチャイルドがつくられる前提であるインナーベビーは、先天的な部分と、胎児期や赤ちゃん期に何らかの刺激によって強化された部分があります。

インナーチャイルドは、そのインナーベビーの強さや感受性に影響されますが、その後の体験のインパクトの度合いにも影響されます。例えば、**いじめられ不信チャイルド**の場合、その後もいじめられるような体験が繰り返されれば強化されます。

また、インナーチャイルドが、何らかの理由でメリットをもたらしていると潜在意識が強く判定すると強化されることも考えられます。

例えば、**いじめられ不信チャイルド**を例にとると、この子の「しゃかりきモード」では、「くやしい」「見返してやりたい」という気持ちを呼び起こしますが、その結果、けんかが強くなって、いじめられなくなって安全のために役立ったとか、勉強やスポーツなどでがんばった結果、認められたり、成長の役に立ったりしたような場合です。

このように、インナーチャイルドやインナーベビーのどの子が強く現れてくるのかを決める要因は複雑です。一概に原因となったトラウマの深刻さや養育環境の問題の根深さだけで説明できるわけではありません。

インナーチャイルドが保持される本当の理由

インナーチャイルドは、一つのモードばかりでいるわけではなく、相手によって、場面によって違うモードになったり、めまぐるしく入れ替わったりもします。

インナーチャイルドは必ずしも悪い影響だけをもたらしているわけではありません。後ほどくわしく説明しますが、長い年月あなたの心に住んでいた理由には、生存、安全、受容、調和、愛、承認、成長などの役に立つという重要な側面があったのです。

また、そのインナーチャイルドがいたからこそ学べたことがたくさんあります。自分のインナーチャイルドのことがわかってくると、「自分の親がこんな育て方をしたために自分は苦しんできたのか？」と親を責めたい気持ちになることもあります。インナーチャイルド形成に最も影響を与えるのが養育者（主に親）だからです。

しかし、私はこう思います。「人は皆、それぞれの学びの計画をもっていて、そのチャイルドがいることで学べたこともあるのだ」と。ですから、インナーチャイルドを「悪いヤツ」ととらえるのではなくて、「今までは何かしら役立ってきたけれどもう卒業する」というとらえ方をしていただきたいと思います。

実は、インナーチャイルドを解消するためには、このような観点が必要なのです。

インナーチャイルドが保持される必然性の度合いはさまざまです。その必然性が弱ければ、自然解消する場合もあるでしょう（ある日突然ドロンといなくなるということはありませんが、徐々にうすれていく場合はあります）。

インナーチャイルドが何らかの役に立つから必要だと潜在意識が強く判定している場合には、自然に消滅することはなく、それを保持する理由にも働きかけが必要になります。

例えば、**いじめられ不信チャイルド**がいる人の場合、人の顔色をうかがったり、あるいは自分が攻撃的で強くなることで結果的に安全のために役立っていたとします。そのような場合、信頼関係を育むことでも安全を確保できる、むしろそのほうがよいやり方だということを潜在意識が理解したときに解消されていくのです。

第2章

あなたのインナーチャイルドのタイプは？

どのインナーチャイルドがいるのかチェックしてみよう

インナーチャイルドにはさまざまなタイプがあることをご紹介しました。

では、実際にあなたにはどんなインナーチャイルドがいるのか探してみましょう。

5つのチェックシートがあります。順番にチェックしてみてください。

それぞれ10の設問があります。「5　非常にそう思う」「4　そう思う」「3　どちらともいえない」「2　そう思わない」「1　まったくそう思わない」の5段階のうちで、最も当てはまる数字にチェックを入れてください。合計の点数と、「5　非常にそう思う」の項目がいくつあったかであなたのインナーチャイルドが特定できます。

これまでの人生全般を振り返り、事実がどうあったかということよりも感覚的にどう感じたかで回答してください。

●インナーチャイルドチェックシート その1●

　以下にあげるそれぞれの項目についてあなたがどのように思っていたかを確認します。「5　非常にそう思う」「4　そう思う」「3　どちらともいえない」「2　そう思わない」「1　まったくそう思わない」の5段階のうちで、最も当てはまる数字にチェックを入れ、合計の点数を出してください。さらに、「5　非常にそう思う」の項目がいくつあったか数えてください。

　これまでの人生全般を振り返り、事実がどうあったかということよりも感覚的にどう感じたかで回答してください。

	1	2	3	4	5
1．自分をダメな人間だと思う	□	□	□	□	□
2．自分のことが嫌いだ	□	□	□	□	□
3．人に嫌われるのが怖い	□	□	□	□	□
4．人に迷惑がられるのが怖い	□	□	□	□	□
5．ミスなどをするといたたまれない	□	□	□	□	□
6．いつも他人と自分を比較する	□	□	□	□	□
7．人と親密になるのが怖い	□	□	□	□	□
8．立派に見える相手の前だと落ち着かない	□	□	□	□	□
9．目立つと恥をかくだろう	□	□	□	□	□
10．目立つと批判や嘲笑を浴びるだろう	□	□	□	□	□

合　計	点
「5　非常にそう思う」にチェックを入れた数	個

●インナーチャイルドチェックシート その2●

以下にあげるそれぞれの項目についてあなたがどのように思っていたかを確認します。「5　非常にそう思う」「4　そう思う」「3　どちらともいえない」「2　そう思わない」「1　まったくそう思わない」の5段階のうちで、最も当てはまる数字にチェックを入れ、合計の点数を出してください。さらに、「5　非常にそう思う」の項目がいくつあったか数えてください。

これまでの人生全般を振り返り、事実がどうあったかということよりも感覚的にどう感じたかで回答してください。

	1	2	3	4	5
1．いつも非難や攻撃を恐れている	□	□	□	□	□
2．軽蔑されることが怖い	□	□	□	□	□
3．相手を怒らせることが怖い	□	□	□	□	□
4．イヤなことを押しつけられるだろう	□	□	□	□	□
5．思いどおりにならないことが多いだろう	□	□	□	□	□
6．バカにされると頭にくる	□	□	□	□	□
7．根にもつ傾向がある	□	□	□	□	□
8．誰かを見返してやりたい	□	□	□	□	□
9．批判されると全否定された気になる	□	□	□	□	□
10．いつも人を疑い簡単に信用しない	□	□	□	□	□

合　計	点
「5　非常にそう思う」にチェックを入れた数	個

インナーチャイルドチェックシート その3

以下にあげるそれぞれの項目についてあなたがどのように思っていたかを確認します。「5　非常にそう思う」「4　そう思う」「3　どちらともいえない」「2　そう思わない」「1　まったくそう思わない」の5段階のうちで、最も当てはまる数字にチェックを入れ、合計の点数を出してください。さらに、「5　非常にそう思う」の項目がいくつあったか数えてください。

これまでの人生全般を振り返り、事実がどうあったかということよりも感覚的にどう感じたかで回答してください。

	1	2	3	4	5
1．私はどうせ見捨てられるだろう	□	□	□	□	□
2．メールなどがすぐ返ってこないと不安	□	□	□	□	□
3．連絡がつかないと見捨てられた気分になる	□	□	□	□	□
4．交際相手の交友関係が気になる	□	□	□	□	□
5．裏切るのではないかと相手を疑う	□	□	□	□	□
6．別れがくるなら最初から親密にならない	□	□	□	□	□
7．親しい人が突然いなくなる気がする	□	□	□	□	□
8．いざというとき結局は孤独だ	□	□	□	□	□
9．自分に関心をもつ人などいない	□	□	□	□	□
10．いつか独りぼっちになるだろう	□	□	□	□	□

合計	点
「5　非常にそう思う」にチェックを入れた数	個

●インナーチャイルドチェックシート その4●

以下にあげるそれぞれの項目についてあなたがどのように思っていたかを確認します。「5　非常にそう思う」「4　そう思う」「3　どちらともいえない」「2　そう思わない」「1　まったくそう思わない」の5段階のうちで、最も当てはまる数字にチェックを入れ、合計の点数を出してください。さらに、「5　非常にそう思う」の項目がいくつあったか数えてください。

これまでの人生全般を振り返り、事実がどうあったかということよりも感覚的にどう感じたかで回答してください。

	1	2	3	4	5
1．何かやる前に失敗を予測する	□	□	□	□	□
2．やることがうまくやれている気がしない	□	□	□	□	□
3．ちょっとした問題をすぐ失敗と考える	□	□	□	□	□
4．やる前にあきらめることが多い	□	□	□	□	□
5．うっかりミスが多いほうだ	□	□	□	□	□
6．自分で決断することが怖い	□	□	□	□	□
7．つねに指示やマニュアルが必要だ	□	□	□	□	□
8．自分で考えたことは失敗する	□	□	□	□	□
9．すぐに人の意見に従う	□	□	□	□	□
10．行動する前にいちいち人に相談する	□	□	□	□	□

合　計	点
「5　非常にそう思う」にチェックを入れた数	個

●インナーチャイルドチェックシート その5●

以下にあげるそれぞれの項目についてあなたがどのように思っていたかを確認します。「5　非常にそう思う」「4　そう思う」「3　どちらともいえない」「2　そう思わない」「1　まったくそう思わない」の5段階のうちで、最も当てはまる数字にチェックを入れ、合計の点数を出してください。さらに、「5　非常にそう思う」の項目がいくつあったか数えてください。

これまでの人生全般を振り返り、事実がどうあったかということよりも感覚的にどう感じたかで回答してください。

	1	2	3	4	5
1．失敗すると罰を受けると思う	□	□	□	□	□
2．失敗すると自虐的になる	□	□	□	□	□
3．失敗を隠したくなる	□	□	□	□	□
4．失敗すると言い訳をしたくなる	□	□	□	□	□
5．失敗すると人のせいにしたくなる	□	□	□	□	□
6．誤りを犯すと罰を受けると思う	□	□	□	□	□
7．誤りを犯すと自虐的になる	□	□	□	□	□
8．誤りを隠したくなる	□	□	□	□	□
9．誤りを犯すと言い訳をしたくなる	□	□	□	□	□
10．誤りを犯すと人のせいにしたくなる	□	□	□	□	□

合計	点
「5　非常にそう思う」にチェックを入れた数	個

●シート その1 のチェックを終えて……

合計点数が32点以上、または1個でも「5　非常にそう思う」がある方
↓　恥と卑下のチャイルドがいます（解説は63ページ参照）。

※31点以下、かつ「5　非常にそう思う」が1個もない方は、恥と卑下のチャイルドは、絶対とはいえませんがひとまずいないといえます（隠れている場合もあります）。

設問の3番「人に嫌われるのが怖い」、4番「人に迷惑がられるのが怖い」の回答が、1個でも「5　非常にそう思う」だった方におたずねします。

相手から、そっ気ない態度をとられたというだけで「自分は嫌われたのではないか？」と不安になりませんか？

また、よかれと思ってしたことが、相手からさほど喜ばれなかったというだけで、「私のしたことはかえって迷惑だったのではないか？」と気にして落ち込んだり、悔いたりする傾向はありませんか？

設問の5番「ミスなどをするといたたまれない」の回答が、「5　非常にそう思う」だった方におたずねします。


ミスをしたとき、それを大げさに重大視する傾向はないですか？

甚《はなは》だしい場合には、「私は、この職場やチームにいないほうがよいのではないか？」などと考えることはないですか？


このインナーチャイルドがいる可能性のある方全般におたずねします。


人前で緊張する、特に人前で話すときにあがる傾向はないですか？

他人の長所について考えるとき、すぐに「それにひきかえ私は……」とわざわざ自分を卑下する材料に使いませんか？

合コンやお見合いが苦手ではないですか？

特に人を値踏みするような目線がすごくイヤではないですか？

がんばるときには、「こんなんじゃダメだ、まだまだだ」と強迫観念にかられるようにストイックになる傾向はないですか？

チャンスをつかみ損ねたり、自分から辞退したり、それから逃げ出したことはないですか？

ついでながら、これらの文章を読んで当てはまると思っている一方で、「それこそが私なのよ。何が悪いの？　変えられるわけないじゃない」とも思っていませんか？

●シート その2 のチェックを終えて……

合計点数が32点以上、または1個でも「5　非常にそう思う」がある方

↓ いじめられ不信チャイルドがいます（解説72ページ参照）。

※31点以下、かつ「5　非常にそう思う」が1個もない方は、いじめられ不信チャイルドは、絶対とはいえませんがひとまずいないといえます（隠れている場合もあります）。

設問の1番「いつも非難や攻撃を恐れている」、2番「軽蔑されることが怖い」、9番「批判されると全否定された気になる」の回答が、1個でも「5　非常にそう思う」だった方におたずねします。

人がたとえ善意から指摘などをした場合でも、否定された、非難された、バカにされたなどと感じることはないですか？

設問の4番「イヤなことを押しつけられるだろう」、5番「思いどおりにならないことが多いだろう」の回答が、1個でも「5　非常にそう思う」だった方におたずねします。

自分の主張や要求がすぐに受け入れられないと、すぐに「もういい」とか、「どうせ～」と考え、不満や怒りを鬱積させることはないですか？

設問の6～8番「バカにされると頭にくる」「根にもつ傾向がある」「誰かを見返してやりたい」の回答が、1個でも「5　非常にそう思う」だった方におたずねします。

これまでの人生で、くやしいという気持ちをバネにがんばることが多くなかったですか？

イヤな性格の教師、上司、ライバルなどに出くわすことが多くなかったですか？

このインナーチャイルドがいる可能性のある方全般におたずねします。

内心では、いつも誰かが自分をあげつらってくるのではないかと恐れ、警戒心をもっていませんか？

人の言動を疑った見方をすることはないですか？

振り返るといつも恨んでいるか、憎んでいるか、怒りを感じている相手が誰かしらいませんでしたか？

圧倒的なパワーに憧れたことはないですか？

「復讐」をテーマにしたドラマに深く共感したことはないですか？

チャンスを前にして邪魔や妨害を受けたことはないですか？

ついでながら、当てはまると思いつつ、自分が批判されているような気がして、反発を感じ始めてはいませんか？

●シート その3 のチェックを終えて……

合計点数が32点以上、または1個でも「5　非常にそう思う」がある方

↓　見捨てられ不安チャイルドがいます（解説は81ページ参照）。

※31点以下、かつ「5　非常にそう思う」が1個もない方は、見捨てられ不安チャイルドは、絶対とはいえませんがひとまずいないといえます（隠れている場合もあります）。

設問の2番「メールなどがすぐ返ってこないと不安」、3番「連絡がつかないと見捨てられた気分になる」の回答が、1個でも「5　非常にそう思う」だった方におたずねします。

メールの返信がこなかったり、連絡がつかなかったりしたときに、時間が経つにつれて不安が増し、「相手は自分のことを無視したり、忘れていたりするのではないか？」「このまま関係が途切れてしまうのではないか？」など大げさに考える傾向はないですか？

設問の4番「交際相手の交友関係が気になる」、5番「裏切るのではないかと相手を疑う」の回答が、1個でも「5　非常にそう思う」だった方におたずねします。

交際相手が、別な異性と親しそうにしているのを見たり聞いたりすると、不安になって、すぐに浮気を疑ったりしませんか？

このインナーチャイルドがいる可能性のある方全般におたずねします。

子どもの頃、両親が忙しくて、かまってもらえなかったり、人に預けられたことはないですか？

安定した関係がつくりにくいような異性と縁ができる傾向があり、異性運が悪いと思ったことはないですか？

寂しさを紛らすために過度の飲酒や過食をすることはないですか？
自分を犠牲にして相手に尽くす傾向はないですか？
甘えたり頼ることが苦手ではないですか？
逆にとても依存的になることはないですか？

●シート その4 のチェックを終えて……

合計点数が32点以上、または1個でも「5　非常にそう思う」がある方
→　失敗予測チャイルドがいます（解説は89ページ参照）。

※31点以下、かつ「5　非常にそう思う」が1個もない方は、失敗予測チャイルドは、絶対とはいえませんがひとまずいないといえます（隠れている場合もあります）。

設問の1番「何かやる前に失敗を予測する」、2番「やることがうまくやれている気がしない」、4番「やる前にあきらめることが多い」の回答が、1個でも「5　非常にそう

思う」だった方におたずねします。

何か新しいことにトライしようとしたときに、まず「できない」「無理だ」と考える傾向はないですか？

設問の６～10番「自分で決断することが怖い」「つねに指示やマニュアルが必要だ」「自分で考えたことは失敗する」「すぐに人の意見に従う」「行動する前にいちいち人に相談する」の回答が、１個でも「５　非常にそう思う」だった方におたずねします。

具体的な指示に従ったり、マニュアルどおり、あるいはやり慣れたことなら問題なくできるのに、自分で判断しなければならなくなったとたんに自信がなくなり、不安になりませんか？

子どものときに親が先回りをしてレールを敷き、自分なりに工夫したつもりが失敗したときに「ほら、いったとおりにしないからだ」といった内容の叱責を受けた記憶がないですか？

このインナーチャイルドがいる可能性のある方全般におたずねします。

新しいことにチャレンジすることは苦痛ですか？

毎日の仕事がだいたい決まった内容で、対処法がわかっている状態を望んでいますか？

毎日が新しいことへのチャレンジであるような仕事のやり方にはついていけない感じがしますか？

チャレンジとかリスクという言葉に恐怖や不安を感じますか？

●シート その5 のチェックを終えて……

合計点数が32点以上、または1個でも「5　非常にそう思う」がある方

↓　罰と罪悪感のチャイルドがいます（解説は96ページ参照）。

※31点以下、かつ「5　非常にそう思う」が1個もない方は、罰と罪悪感のチャイルドは、絶対とはいえませんがひとまずいないといえます（隠れている場合もあります）。

「失敗」と「誤り」の二つの分野に分けられると思います。失敗とは、意図に反する結果になることで、誤りとは、意図した考え方が誤っていたというような意味の違いがあります。

ですから、設問も二つのグループに分かれます。設問の1〜5番が「失敗」に関する設問、6〜10番が「誤り」に関する設問です。

設問の1〜5番「失敗すると罰を受けると思う」「失敗すると自虐的になる」「失敗を隠したくなる」「失敗すると言い訳をしたくなる」「失敗すると人のせいにしたくなる」の回答が、1個でも「5　非常にそう思う」だった方におたずねします。

子どもの頃、悪意なく失敗したこと（例えば、コップを倒す、茶碗を落とす、窓ガラスを割るなど）に対して親に怒られたことはないですか？

あなた自身が「しまった」と思い反省しているにもかかわらず、しつこく叱られたりしませんでしたか？

設問の6〜10番「誤りを犯すと罰を受けると思う」「誤りを犯すと自虐的になる」「誤りを隠したくなる」「誤りを犯すと言い訳をしたくなる」「誤りを犯すと人のせいにしたくなる」の回答が、1個でも「5　非常にそう思う」だった方におたずねします。

いけないことだとわかっているがついやってしまったこと（例えば、立ち入り禁止の場所に立ち入る、危ない遊びをする、兄弟をいじめるなど）に対して、厳しく叱られた経験はないですか？

このインナーチャイルドがいる可能性のある方全般におたずねします。

失敗、あるいは何か誤りを犯したとしたら、それがほかの人に知られる前に自分一人で処理して、できればそのことを隠したいと思いますか?

あるいは、自分は何かしら罰を受けるか、ひどく不利な立場に置かれるだろうと感じますか?

恥と卑下のチャイルド

特徴

自分の存在が何らかの意味で好ましくない、自分が生まれつき何らかの意味で劣っていたり、欠陥をもっていたりするかのような思い込みをコア（核）にもつチャイルドです。自分自身のあら探しをし、一概に欠点とはいえない、単に特徴にあたることまで欠点と見なしたり、羞恥心や罪悪感をもちやすかったりする傾向があります。

例えば、一重まぶたであることを欠点だと考えて気にしているとします。人からは、「流し目が魅力的だ」といわれ、「世の中には一重まぶたで美人といわれる人はいくらでもいるよ」と指摘されたとします。すると、「ほかの人の場合には、一重まぶたで美人はあり得ても、自分の場合にはあり得ない」などと言い張るような場合、典型的な考え方といえます。また、他人と自分を比較して自分を卑下するような傾向も典型的といえます。

同じ恥と卑下のチャイルドでも人や状況により現れ方はさまざまですが、例えば次のような現れ方をします。

・割と遠慮や我慢をするほうだ。
・いじけグセがある。
・恥をかくことが恐ろしい。
・完全主義の傾向がある。
・自分の欠点をひどく気にする。
・人前で緊張することが多い。
・自己アピールが苦手。
・自己卑下や自己嫌悪におちいる。
・ほめられるのもほめるのも苦手。
・ほめられても、「いえいえ、そんな……」と謙遜する。
・徹底的にやるか投げやりになるかの落差が激しい。
・がんばるときは高い理想を目指してストイックになる。

・失敗したり批判されたりするとひどく落ち込む。
・人に強くいわれると自分が悪くなくても謝る。
・自分から異性に近づけない。

3つのモード

◆いいなりモードのとき

卑屈やいじけ、遠慮といった態度をとる傾向があり、結果的に我慢することになります。

◆逃げモードのとき

自分が「よくない人間であること」がバレるのが怖いから人と親密にならない、あるいは目立つことを避けようとします。

◆しゃかりきモードのとき

例えば、「私は無価値」という思い込みがコアにある場合には、「価値のある人間にならなければ、価値を認めてもらわなければ」という動機づけが向上心につながり、ストイックに努力する傾向があります。「私は嫌われ者」や「私は厄介者」などがコアの場合には、無理に「いい人」を演じる傾向があります。

コア（核）にある思い込み

そのコアにある思い込みは、いろいろなものが考えられますが、例えば次のようなものがあります（子どもの頃、方言を使う地方にいたのであれば、方言の場合もあります）。

「私は嫌われ者」「私は厄介者」「私は迷惑」「私はお荷物」「私はいらない子」「私は無価値」「私は出来損ない」「私は役立たず」「私は無能だ」「私はみっともない」「私はバカだ」

このチャイルドのコアにある思い込みが何であるかを探すためには、次のようなフレーズの、○○に何が当てはまるか考えてみると見つかります。すべてのフレーズを使う必要はありません。あなたにとって、最も不快な感情を刺激する言葉は何でしょう？　実は、それこそがコアにある思い込みです。

「もし私ががんばるのをやめたら○○になってしまうだろう」
「失敗することは、私が○○であることを意味する」
「私にとって最も真実であってほしくないことは、私が○○であることだ」
「相手が私に対してイヤな顔をしたとしたら、それは私が○○であることを意味する」
「私は、○○にだけはなりたくない」
「私は、○○扱いされるくらいなら消えてしまいたい」

恋愛、仕事、人間関係、育児に対する影響

◆恋愛に対する影響

このチャイルドをもつ人は、自分の魅力に自信がもてないのが特徴です。だから自分か

ら異性に近づくことがむずかしく、意識した相手の前ではとても緊張します。合コンやお見合いなど、相手から値踏みするような視線で見られることにも堪えがたく感じます。

せっかく、相手が「好きだ」といってくれても、「こんな私のどこがいいの？」などと尻込みしてしまいます。異性に愛されるための条件として、容姿やセンス、知性、教養などやたら高いハードルを想定します。

また、せっかく相思相愛になりかけていても、遠慮や尻込みをしているうちに、ほかの相手に横取りされるパターンも多いものです。

一言でいってチャンスがつかめないのが特徴です。

「私は愛される価値がない」「幸せになる価値がない」「大事にされることはない」などの思い込みを通じて、異性に愛されたり、結婚して幸せになったりすることを自分に許可していない可能性があります。

◆仕事に対する影響

仕事に対しては、どういうモードが現れるかによって大きな違いがあります。「いいなりモード」が仕事に出ると、職場の中のダメ役に甘んじてしまいます。「逃げモード」では、存在感を消し無難に過ごすばかりになります。

「しゃかりきモード」の場合、高いハードルを自分に課して、「こんなんじゃダメだ、まだまだだ」と自分にムチを打って努力し、オーバーワークにおちいります。それでも、根本的に自分で自分を認めていないので、努力の割には報《むく》われない傾向があります。

全般的に、自己主張ができない、報酬や待遇の改善を求めたり、自分の希望をはっきり述べたりすることができません。昇進についても「自分にはそぐわない」と感じて尻込みする傾向があります。あがりやすく、大勢の人の前で話すのが苦手です。

成功したり、注目されたり、地位が与えられることや、経済的な豊かさを得ることはそぐわないなどの思い込みのために、それらを自分に許可していない可能性があります。

第１章で紹介しました、私のパートナーの事例（23ページ）では、子どもの頃いつも、「みっともない」とか、「取り柄がない」などといわれていたのが潜在意識に刷り込まれていて、「人に大きな影響を与えるのにそぐわない」という思い込みになっていました。

また、起業家の事例（24ページ）では、いわゆる一流大学を出て一流企業に勤めていた父親に、いつもバカ呼ばわりされながら育ちました。本人は意識のうえでは、自分を「バカ」だとは思っていませんでしたが、潜在意識には刷り込まれていて、「自分をバカ呼ばわりしていた父親より多くの収入が得られるはずがない、それは間違っている」という思い込みがあったのでした。

◆人間関係に対する影響

人間関係では、嫌われるのを恐れ、自己主張できず、NOがいえないために、相手に引きずられる傾向があります。また、厚かましい人、図々しい人に利用されやすいといえます。「大事にされることはない」「へりくだらないと受け入れられない」などの思い込みを通じて、対等で互恵的な対人関係をつくることを自分に許可していない可能性があります。

◆育児に対する影響

このチャイルドをもつ人が親になった場合、自分に対する評価の低さを自分の子どもにも投影します。ほめることが苦手で、長所を過小評価し、短所を過大評価する傾向があります。そのため、無意識のうちに「おまえは大した人間ではないのだよ」というメッセージを送り続けることになります。また、「恥ずかしい」「みっともない」などと叱責して羞恥心を植え付けることでコントロールしようとします。

「しゃかりきモード」で生きてきた親は、高い基準を子どもに要求して、それを満たせないとダメ呼ばわりする傾向もあります。結果的に、子どもにも同じチャイルドを植え付ける傾向があります。

このインナーチャイルドがいるあなたに贈る言葉

あなたは、このインナーチャイルドがいることで、謙虚さ、節制、忍耐、まじめさ、相手の立場を考慮すること、向上心をもつこと、繊細さなどの美徳を獲得してきました。

だから、このインナーチャイルドを手放すことに対して不安を抱くかもしれません。でも、一度獲得した美徳が失われることはありません。

これからは、自分を認めること、自分ならではの価値を発見すること、そしてそれを発揮することが学びのテーマになります。

過剰な遠慮はやめて、受け取れるものは受け取るようにしましょう。

ほめられたら、素直に「ありがとう」といいましょう。

最初はむずかしく感じられるかもしれませんが、自分をほめましょう。

いじめられ不信チャイルド

特徴

自分は、何らかの意味でひどい扱いを受けるだろうという思い込みをコア（核）にもつチャイルドです。恐怖感、不信感、怒りの感情をもちやすい傾向があります。

実際にひどい扱いを受けたわけでなくても、否定された、攻撃された、難癖をつけられた、侮辱されたなどネガティブな受け取り方をします。また、ひとたびネガティブな解釈をすると、その考え方を変えようとせず、頑固になる傾向もあります。

同じいじめられ不信チャイルドでも人や状況により現れ方はさまざまですが、例えば次のような現れ方をします。

・怒りをひそかに溜め込んでいる。

・つねに誰かしら敵意の対象がいる。
・突然キレることがある。
・内心ビクビクしている。
・人に警戒心を抱くことが多い。
・恐怖心と攻撃性の落差が激しい。
・目をつけられて攻撃されたり、いじめにあったりする。
・バカにされたと感じると見返してやりたくなる。
・バカにされたくないからがんばる。
・復讐という発想に惹かれる。
・圧倒的な強さに憧れる。
・疑った見方をしたり、人を疑ったりすることが多い。
・人に指摘されるとムキになる。
・いつまでも人にされたことを根にもつ。

3つのモード

◆いいなりモードのとき

実際にいじめられたり、攻撃されたりします。人の言動を悪くとることで、自分はひどい扱いを受けていると思い込んでいる場合もあります。

人によっては繰り返しいじめにあう場合があります。または、つねに「敵」が現れる傾向があります。

◆逃げモードのとき

人を信用せず、人と親密になったり、深くかかわったりするのをできるだけ避けようとします。

◆しゃかりきモードのとき

自分自身が攻撃的になるパターンのほか、相手より優位に立って見下そうとしたり、仕返しをしてやろうと考えたりします。
見返してやりたい、くやしいからがんばるというパターンは特徴的です。

コア（核）にある思い込み

そのコアにある思い込みは、いろいろなものが考えられますが、例えば次のようなものがあります（子どもの頃、方言を使う地方にいたのであれば、方言の場合もあります）。

「私はいじめられる」「私は攻撃される」「私は怒られる」「私は非難される」「私は責められる」「私は拒絶される」「私は裏切られる」「私の気持ちや感情は無視される」「私は見下される」「私はバカにされる」

このチャイルドのコアにある思い込みが何であるかを探すためには、次のようなフレーズの、○○に何が当てはまるか考えてみると見つかります。すべてのフレーズを使う必要はありません。あなたにとって、最も不快な感情を刺激する言葉は何でしょう？　実は、それこそがコアにある思い込みです。

「私は、○○されるのが怖い」
「私は、○○されると頭にくる」
「私は、いつも○○されないように生きている」
「どうせ私は○○されるだろう」
「私にとって、○○されることは最悪だ」
「私は、○○されるくらいなら一切かかわりをもちたくない」

恋愛、仕事、人間関係、育児に対する影響

◆恋愛に対する影響

このチャイルドをもつ人は、信頼して心を開けないのが特徴です。このことは、異性との関係でも同様です。イヤな奴だと思った相手を結局好きになり、けんかしながら交際を続けるという韓流ドラマなどにありがちなパターンもあります。

わざわざ虐待的な異性をパートナーに選んでばかりいる人もいます。異性に対する恐怖心が強い場合、ちょっとでも攻撃性を感じると避けてしまい、大人しい人としかつきあえない場合があります。ところが、大人しい相手だと物足りなく、結局どの異性にも満足できないケースもあります。

幼い頃に異性の親から虐待、あるいは厳しい扱いを受けている場合、「私は異性に攻撃される」という思い込みのために、異性と親密になることを自分に許可していない可能性があります。幼い頃に両親が不仲、あるいは、母親に対して姑によるいじめがあった場合、「結婚は戦いだ」とか、「結婚するといじめられる」などの思い込みを通じて、結婚を自分に許可していない可能性もあります。

第1章で紹介しました、結婚希望の女性のケース（25ページ）はまさにこのパターンでした。

◆仕事に対する影響

仕事に対しては、どういうモードが現れるかによって大きな違いがあります。「いいなりモード」が仕事に出ると、職場の中の被害者役に甘んじてしまいます。「逃げモード」

では、誰も信用せず目立つことも避けるので孤立する傾向があります。

「しゃかりきモード」の場合、くやしいから、見返してやりたいからがんばる傾向があります。また、繰り返し、イヤな性格の上司、イヤな性格のライバルに出くわし、いつも仕事が戦いの連続になる傾向があります。

「しゃかりきモード」で仕事上の成果を上げることもしばしばありますが、誰も信用しないので孤立し、また、敵もつくりやすいためにマイナス評価になる場合もあります。

「目立つと攻撃される」「成功すると妬まれる」「贅沢をすると非難される」などの思い込みを通じて、成功することや経済的に豊かになることを許可していない可能性があります。

第1章で紹介しました俳優さんのケース（24ページ）では、「脚光を浴びると妬まれて攻撃される」という思考パターンがネックでした。

◆人間関係に対する影響

人間関係では、人を信用できず、心を開けず、疑った見方をしてしまい、人間関係をつくりにくく、壊しやすい傾向があります。「しゃかりきモード」の場合、けんかをすることが多いのも特徴です。人と信頼関係をつくることは不可能だと思い込んでいるために、よい人間関係がつくれていない可能性があります。

◆育児に対する影響

このチャイルドをもつ人が親になった場合、懸念されるのが、子どもを虐待したり、ヒステリックに怒りをぶつけてしまったりすることです。子どもを虐待してしまう親のほとんどが子どもの頃に虐待を受けているという統計がありますが、実は、このチャイルドを通じて世代間連鎖をしているのです。

よく、自分の親が自分にしたようなことだけは、自分の子どもにしたくないと頭で思っているのに、つい、カッとなってやってしまうということで、ひどく自分を責めて悩んでいるお母さんたちがいます。

子どもがいうことを聞かないと、無視された、拒絶された、否定されたといった意味づけをしてしまい、怒りが暴走してしまうのです。その結果、子どもを傷つけてしまってから我に返るというようなパターンがありがちです。

このインナーチャイルドがいるあなたに贈る言葉

あなたは、たくさんの苦痛を味わいながら生きてきたと思います。もしかしたら、「人生とは戦いである」と感じてきたかもしれません。そして、知恵や力、思慮深さなどが必要であることを学び、何かしらのかたちでそれらを獲得してきたことでしょう。

だから、このチャイルドを手放すことに対して不安があるかもしれません。でも、心配はいりません。すでに獲得した知恵や力、思慮深さが失われることはありません。

あなたは、潜在的に信頼関係の大切さを知っています。本当は、ずっと欲してきたはずです。これからの人生では、信頼関係を通じて安全や安心を得るということが学びのテーマになります。そして、人生を苦痛によってではなくて、喜びによって動機づけることを学ぶことになるでしょう。

人からいわれたことが、非難、攻撃、侮蔑に感じられた場合、相手の真意はそうでない可能性について考える習慣を身につけましょう。例えば、単なる指摘、期待のあらわれ、援助のつもり、親密の表現などと受け止めてみます。

見捨てられ不安チャイルド

特徴

捨てられる、見捨てられる、置き去りにされるなど、何らかの意味でつながりが断たれるという思い込みをコア（核）に抱えるチャイルドです。いつも「見捨てられるのではないか」という不安を抱え、相手との関係を保つためには、いつも「相手の要求や期待に応え続けなければならない」と考えます。

「誰もあてにできない」と考えて、最初から人との親密な関係をつくろうとせず、何でも自分でやろうと考える場合もあります。また、捨てられるくらいなら自分から関係を断とうとする場合もあります。

同じ見捨てられ不安チャイルドでも人や状況により現れ方はさまざまですが、例えば次のような現れ方をします。

・見捨てられるという不安が強い。
・自分を大切に思っているという証拠を求める。
・嫉妬グセがあり、すぐに浮気を疑う。
・相手を束縛したがる。
・結ばれる見込みのない異性を好きになることが多い。
・捨てられたくないから相手に尽くす。
・いつも関心を寄せられていたい。
・いつも必要とされていたい。
・おせっかいグセがある。
・いつも誰かにメールや電話をしたくなる。
・待たされると不安になる。
・人間関係にムラがあり、不安定な傾向がある。
・依存的な相手に尽くす。
・病気や社会的能力の欠如などの問題を抱える相手のために犠牲になる。

３つのモード

◆いいなりモードのとき

いつも「見捨てられるのではないか」という不安を抱えます。そして、「相手は自分を見捨てようとしているのではないか」と疑います。実際に見捨てられたり、裏切られたりすることもあります。

◆逃げモードのとき

捨てられたり、裏切られたりするくらいなら最初から親密にならないというような考え方をします。人を頼りにせず、自分のことは何でも自分でやろうとします。

◆しゃかりきモードのとき

捨てられないために、相手に尽くし、期待に応えようとします。極端な場合、わざわざ依存的な人を自分が犠牲になって支えようとする場合もあります。逆に、見捨てられる前に自分から相手との関係を断ち切る場合もあります。
別のパターンでは、相手をやたら束縛してコントロールしようとし、相手との関係に執着する場合もあります。

コア（核）にある思い込み

そのコアにある思い込みは、いろいろなものが考えられますが、例えば次のようなものがあります（子どもの頃、方言を使う地方にいたのであれば、方言の場合もあります）。

「私は捨てられる」「私は見捨てられる」「私はほったらかしにされる」「私は裏切られる」「私は置き去りにされる」

このチャイルドのコアにある思い込みが何であるかを探すためには、次のようなフレーズの、○○に何が当てはまるか考えてみると見つかります。すべてのフレーズを使う必要はありません。あなたにとって、最も不快な感情を刺激する言葉は何でしょう？　実は、それこそがコアにある思い込みです。

「私は、○○されるのが怖い」
「私は、○○されるのではないかと不安だ」
「私は、いつも○○されないように生きている」
「どうせ私は○○されるだろう」
「私にとって、○○されることは最悪だ」
「私は、○○されたらとても生きていけない気がする」

恋愛、仕事、人間関係、育児に対する影響

◆恋愛に対する影響

このチャイルドをもつ人は、いつも「捨てられるのではないか」という不安を抱えています。それでいて、よりによって、妻子のいる人、忙しくてめったに会えない人、浮気性で安定した関係をつくれない人などとばかり縁ができる傾向があります。

寂しがり屋で、頻繁にメールや電話をして連絡をとりたがり、自分を大切に思ってるという証拠を求め、相手を束縛したがるケースもあります。最も悲劇的なのは、そのような言動が相手を辟易《へきえき》させてしまい、本当に捨てられるパターンです。

いわゆる異性運が悪い原因になります。そうした経験がトラウマになった結果、異性と親密になることを自分に対して許可しなくなる場合があります。

◆仕事に対する影響

仕事に対しては、どういうモードが現れるかによって大きな違いがあります。「いいなりモード」が仕事に出ると、つながりが希薄で、簡単に人を切り捨てるような職場にばかり縁ができる傾向があります。「逃げモード」では、誰も頼りにせず孤立する傾向があります。何でも自分だけでやろうとして無理をする場合もあります。

「しゃかりきモード」の場合、自分を犠牲にしてまで組織や上司の期待につねに応えようとします。

「しゃかりきモード」で仕事上の成果を上げることもしばしばありますが、過度の自己犠牲を伴う場合があります。

例えば子ども時代に、なまじ先生にほめられたり、入賞したりしたばかりに仲間はずれにされた経験などがあると、「目立つと孤立する」とか、「成功すると孤立する」という思い込みから、成功を自分に許可していない可能性があります。

◆人間関係に対する影響

人間関係では、依存的になったり、逆に意固地になって人に頼らなかったり、人との距離のとり方に混乱を抱えます。誰かに不当に依存されても、相手の要求に応え続けて自分を犠牲にする場合もあります。それが怖いから、人と親密になることを自分に許可していないケースもあります。

◆育児に対する影響

このチャイルドをもつ人が親になった場合、たいがいは、面倒見がよく愛情深く見えるのですが、落とし穴もあります。それは、子どもの自立を心から歓迎できないという点です。だんだん手がかからなくなり、やがて自立していくのを、自分が置き去りにされでもするかのように感じてしまうのです。そのため、おせっかいや過干渉によって、子どもの自立を妨げてしまうおそれがあります。

このインナーチャイルドがいるあなたに贈る言葉

あなたは、絆の大切さを誰よりも知っており、絆を求めながら、いつも不安を抱えて生きてきましたね。

あなたの人生の大きな目的は、絆の大切さを学ぶことです。そして信頼関係を育むことです。自分を犠牲にしなくても絆を保つことは可能です。

過去に裏切られたとか、見捨てられたと感じた出来事があったとしても、それらはもう過去のことです。未来に目を向けて、これから育む絆を信じましょう。

例えば、特定の人と連絡がつかないと不安になり、そのことばかりに思考が縛られるようなときに、それ以外の選択肢がつねに存在するということを意識してみてください。

あなたは、相手のためにやっているというつもりが、相手にとって束縛になっていないか気をつけてください。そうなっていることに気がついたら、それを緩め、その分のエネルギーや時間をもっと自分のために使ってください。

失敗予測チャイルド

特徴

「自分がやることは失敗する」か、「私はつねに期待はずれだ」といった思い込みをコア（核）にもつチャイルドです。「自分がやることはいつもうまくいかないだろう」、あるいは「相手の期待や要求に応えられないだろう」という予測感をもち、物事を悲観的に考えます。

また、失敗とはいえないようなわずかな問題を失敗だと考えたり、自分がしたことの結果を心配したりします。そして、うまくいったことはさっ引いて考え、うまくいかなかったことを大げさにとらえる傾向があります。

同じ失敗予測チャイルドでも人や状況により現れ方はさまざまですが、例えば次のような現れ方をします。

・どうせ何をやっても私は失敗する。
・失敗するくらいならやらないほうがマシだ。
・失敗しないように念には念を入れてチェックしなきゃ。
・自分が成功するイメージがもてない。
・自分がやることは失敗だらけだと感じる。
・自分で考えてうまくいったためしなどないと感じる。
・最初から誰かの指示どおりにしたほうが無難だ。
・とにかくマニュアルに従っていればいい。
・自分なりに工夫したところでうまくいかないだろう。
・行動を起こす前につねに誰かに相談したほうがよい。
・自分で決めなければならない状況を避けたい。
・新しいことはやりたくない。
・能力以上のことはやりたくない。
・自分がやったことは、たとえうまくいっても大したことはない。

３つのモード

◆いいなりモードのとき

いつも失敗すると思っているので、実際に失敗します。また、失敗とはいえないことでも、失敗と見なします。

◆逃げモードのとき

「失敗するくらいなら最初からやらないほうがよい」と考えます。そのため、能力以上のことはやろうとせず、チャレンジを避けます。

◆しゃかりきモードのとき

失敗したくないので、非常に念入りに準備し、チェックします。

コア（核）にある思い込み

そのコアにある思い込みは、いろいろなものが考えられますが、例えば次のようなものがあります（子どもの頃、方言を使う地方にいたのであれば、方言の場合もあります）。

「私はつねに失敗する」「私が自分で考えたことは失敗する」「私がやることはつねに期待はずれだ」「私がやることはつねに不十分だ」「私は肝心なときに失敗する」

このチャイルドには、「もし失敗したとしたら、それは何を意味しますか?」「もし失敗したらどうなりますか?」という問いかけをすることができます。もしこのチャイルドが単独で存在するとしたら、失敗することに関して、「失敗することは破局を意味する」「失敗することは悪いことだ」といった意味づけが潜んでいます。そして、ほかのタイプのチャイルドと連結した構造になっている場合もあります。

例えば、「失敗したら罰を受ける」なら後で紹介する罰と罪悪感のチャイルド、「失敗したら攻撃される」ならいじめられ不信チャイルド、「失敗したら見捨てられる」なら見捨てられ不安チャイルド、「失敗することは、私が無能であることを意味する」なら恥と卑下のチャイルドに連結していることになります。

このチャイルドに関しては、このような関連まで調べる必要があります。なお、このチャイルドは、恋愛と人間関係に対してある特定の傾向というのは指摘しにくいのです。強《し》いていえば、自分で決めるということが苦手なために、周囲の意見に振り回されやすいということでしょう。仕事と、育児など人を育てるというテーマに関しては、明らかに特徴的で大きな影響があります。

仕事、育児に対する影響

◆仕事に対する影響

仕事に対しては、どういうモードが現れるかによって大きな違いがあります。「いいなりモード」が仕事に出ると、実際に失敗を繰り返す、それもここ一番というとき、プレッシャーがかかったときにもろさが現れ、実力が発揮できません。あるいは、いつもうまくいかなかった側面ばかりクローズアップするので、自信がもてず、つねに悲観的な予測をします。

「逃げモード」が仕事に出ると、チャレンジすることや新しいことに取り組むのを避け、決まりきったこと以外やりたがらない傾向になって現れます。特に、上司やマニュアルに従っているうちはまだしも、自分で判断しなければならない状況を避けようとします。

「しゃかりきモード」の場合、とにかく失敗を避けるために慎重に調べ、チェックするという行動がプラスに働く場合もありますが、あまりにリスクを避けるので、行動に制限が加わります。「しゃかりきモード」で仕事上の成果を上げることもしばしばありますが、このチャイルドがあると、成功することよりも失敗を避けることが優先で、チャレンジすることや、慣れないことに取り組むことを自分に許可できません。

◆育児に対する影響

このチャイルドを心の中にもつ人が親だった場合、その信念を自分の子どもにも投影します。つまり、子どもが失敗するだろうと予測してハラハラするのです。そこで失敗させないように先回りしてレールを敷いてしまう傾向があります。また、子どもが何かしらのチャレンジや新しいことに取り組むことに対して、悲観的な予測を語り、場合によっては「危ないから」「どうせ無理だから」と禁止してしまうこともあります。

このことが子どもには、「きっと失敗する、そして失敗することはすごく悪くて恐ろしいことなのだ」というメッセージとして伝わります。結果的に自分の子どもにも失敗予測チャイルドを植え付ける結果となります。

このインナーチャイルドがいるあなたに贈る言葉

失敗というのは本当はありません。学びがあるだけです。

成功したのか失敗したのかという尺度よりも、ベストを尽くしたのかどうかという尺度で考えてみましょう。

また、完璧から見てどうかという視点だけでなく、まったく何もやらなかった状態に比べて何が得られたかを考えましょう。

観念的に恐れるよりも、もし失敗したとして起こりうる最悪の事態は、現実的にはどの程度なのか見極めましょう。

罰と罪悪感のチャイルド

特徴

誤りを犯すか、失敗すると罰を受けるという思い込みをコア（核）にもつチャイルドです。いじめられ不信チャイルドに似ているのですが、苦痛を与えられることにはっきりと罰という意味づけが与えられている点が異なります。

絶対的な服従を強《し》いるような親のもとでは、服従しないと罰を受ける、意見をいう＝口答えをすると罰を受ける、といった思い込みになっている場合もあります。罪悪感や自責の念、失敗したり、誤りを犯した自分や他者に対する怒りが特徴的です。

失敗予測チャイルドとセットになっている場合が多く、その場合、失敗予測チャイルドを強化し、固定する働きをします。

次のような現れ方をします。

・失敗したり誤りを犯すと、とんでもないことをしたと大げさに考える。
・失敗したり誤りを犯すと、自分を責める。
・失敗したり誤りを犯すと、内心ビクビクしている。
・失敗したり誤りを犯すと、いたたまれなくなる。
・失敗したり誤りを犯すと、ひどく責められるのではないかと感じる。
・失敗や誤りが明るみに出ることをまるで烙印を押されるように感じる。
・失敗や誤りの責任が自分にあると認めたくない。
・失敗したり誤りを犯すと、すぐに言い訳をしたくなる。
・失敗したり誤りを犯すと、隠したくなる。
・失敗したり誤りを犯すと、正当化したくなる。
・失敗したり誤りを犯した相手に罰を与えたくなる。

3つのモード

◆いいなりモードのとき

自分が誤りを犯したり、失敗すると自分を責めたり、罰を受けたがったりします。「私を処罰してください」というのは典型的です。ケースによっては、自分に対する罰という意味で、病気を起こすことさえあります。

◆逃げモードのとき

罰を受けることになるくらいなら最初からそういうおそれのあることは避けます。または、失敗や誤りを隠そうとします。無理に「いい人」を演じている場合もあります。

◆しゃかりきモードのとき

自分にも他人にも厳格に振る舞い、失敗や誤りを犯した人に罰を与えたがります。

コア（核）にある思い込み

何に対しての罰なのか（例えば、失敗、誤りを犯すこと、あるいは歯向かうこと）と、罰を受ける、あるいはもっと具体的な罰の内容（非難、怒られる、恥さらしにされる、攻撃される）などの組み合わせで表現されます。

そのコアにある思い込みは、いろいろなものが考えられますが、例えば次のようなものがあります（子どもの頃、方言を使う地方にいたのであれば、方言の場合もあります）。

「私は失敗すると罰を受ける」「私は失敗すると非難される」「私は失敗するとさらし者にされる」「私は誤りを犯すと罰を受ける」「私は誤りを犯すと非難される」「私は誤りを犯すとさらし者にされる」

このチャイルドは、恋愛と人間関係にどういう影響を与えるかということは、明確にはいいにくいものです。もちろん個人的な関係にも罰を与えるという考え方をもち込む可能性はあります。

影響が大きいと考えられるのは、仕事と育児です。

仕事、育児に対する影響

◆仕事に対する影響

仕事に対しては、どういうモードが現れるかによって大きな違いがあります。「いいなりモード」が仕事に出ると、失敗や誤りを犯すことに対していつもビクビクして萎縮します。「逃げモード」では、失敗や誤りを避けるために、無難なことしかやらず、無理にいい人として振る舞います。そのくせ、いざというときにマニュアルどおりの対応で融通が利きません。

「しゃかりきモード」の場合、自他ともに厳格に振る舞います。厳格さが求められる仕事では役に立つこともあり得ますが、上司であった場合、恐怖による支配を敷き詰めてしまう場合があります。

◆育児に対する影響

このチャイルドをもつ人が親になった場合、言わずもがな、子どもに対しても懲罰的に振る舞います。すぐに罰を与えることでコントロールしようとし、恐怖によって従わせようとします。その結果、子どもをオドオドさせていつも人の顔色をうかがうようにさせるか、罰を逃れるためにずる賢い裏表のある性格にさせてしまうことがあります。

このインナーチャイルドがいるあなたに贈る言葉

あなたは、「人間は罰によってコントロールされるものだ」と、いつどのように学んだのでしょうか。それは過去に役立った面もあるかもしれません。今のあなたには、罰が必要でしょうか。罰がないと失敗や誤りを犯すでしょうか。

人間は、苦痛によってコントロールするやり方よりも、信頼と励ましによってこそ真価を発揮します。あなたはそのことを証明できる人です。

「自分は罰を受けなければならない」とか、「誰かに罰を与えたい」という考えが湧いたときに、「果たしてその目的は何だろう？」と考えてみてください。さらに、「失敗や誤りを防ぐためか？」「それは本当に必要だろうか？」「ほかに方法はないか？」などと考えてみましょう。

インナーチャイルドを知ることが問題解決への第一歩

ここまでお読みいただいていかがだったでしょうか。

普通に本を読むよりも大変だったかもしれません。なにしろ、自分の心の奥に潜む世界に向き合う体験だったからです。

中には、自分がひそかに抱える問題の正体や、自分一人だけの問題ではなかったとわかり、ほっとした人もいるかもしれません。「こんなことが本当なのだろうか?」と少し動揺している人もいるかもしれません。あるいは、「自分には5人全部いるみたいだけど、私はそんなに重症なのか?」と落ち込んでいる人もいるかもしれません。受け入れがたく感じ、反発を感じている人もいるかもしれません。

インナーチャイルドが自分の子どもにも影響を与え、世代間で連鎖するというくだりで、戦慄《せんりつ》を覚えた人もいるかもしれません。もしあなたが、これまで、「自分はちゃんと人の親になれるだろうか?」と漠然とした不安を抱えていて、それが結婚することや子どもを産むことをためらわせていたとしたら、それも多くの場合インナーチャイルドに向き合うことで解決できることです。

私のカウンセリングの現場での経験からいいますと、5人のチャイルド全部を抱えているケースというのもまったく珍しくはありません。また、自分だけがひそかに問題を抱えているかのように感じていたりもしますが、問題が理解できることで安心できるケースが多いものです。自分の心の中に潜むチャイルドの性質がわかれば、すでに問題解決の入り口に立っているといえるからです。

ここからは、インナーチャイルドが保持される仕組みと、それを変化させ解消していく方法について説明していきます。

現時点で、どのような感想をもたれている方でもこの本の最後までには、人生をもっとよりよいものに変えていけるという希望をもっていただけますからどうぞご安心ください。

潜在意識が変化する法則

インナーチャイルドがとらえにくい理由は、同じチャイルドがいろいろなモードで現れることや、複数のチャイルドが同時に出てくるケースが多いことや、そもそも潜在意識がコア（核）にある思い込みを隠して守ろうとすることなどがあげられます。

特に、モードが切り替わると同じインナーチャイルドが全然違う現れ方をするのです。

例えば、同じ**見捨てられ不安チャイルド**が、いつも不安で頼りたがるという現れ方をしたと思えば、意固地になって人に頼らないようにするという現れ方もします。

また、同じ**恥と卑下のチャイルド**が、「どうせ自分はダメだ」と投げやりな現れ方をしたかと思えば、完璧主義でストイックに努力するという現れ方もします。

それぞれのインナーチャイルドのコアには、幼いときにつくられた何らかの思い込みがあります。そしてそれらは、ある時期までは何かしら役に立ったか、潜在意識が役に立つと判定したために保持されてきました。そして、成長するに従って、そのチャイルドを保持する理由が移り変わることもあります。

例えば、**いじめられ不信チャイルド**が、幼少期に感情的に怒る親の顔色をいつもうかがうことで安全のために役立っていたとします。ところが成長過程で「くやしいからがんばる」というパターンが結果的に成長のために役立つという新しい保持理由で生まれる場合があります。

インナーチャイルドを保持している目的がわかれば、そしてその目的を満たす別な方法を潜在意識に教えることができれば、その思い込みは解消されていくのです。

例えば、**いじめられ不信チャイルド**が、子どもの頃、人の顔色や機嫌をうかがうという行動をつくり出すことで、安全（保身）に役立ったために、潜在意識が保持していたとしましょう。けれども、成長し大人になるとインナーチャイルドの行動パターンで保身を図るより、人と信頼関係を育てることで安全を確保したほうが建設的なやり方になります。でも、潜在意識はそういうやり方を知らない可能性が高いのです。

同様に、**恥と卑下のチャイルド**が、子どもの頃、遠慮や我慢をすることで受け入れられるのに役立ったために、潜在意識が保持していたとしましょう。けれども、成長し大人になると能力を存分に発揮し、自己主張も行いながら受け入れられたほうが建設的なやり方になります。

しかし、潜在意識はそういうやり方を知らない可能性が高いのです。

同じ**恥と卑下のチャイルド**が、「しゃかりきモード」で、「こんなんじゃダメだ、まだまだだ」と自分を努力に駆り立てることが向上心につながり成長の役に立ったので、潜在意識がそれを保持したとします。けれども、自分を認め、自分はすばらしいからこそもっと磨こうと考えたほうがより建設的だとは思いませんか？　あるいは、自分の可能性が広がることがワクワクするから向上心を保つというやり方のほうがより建設的ではないでしょうか。

何度もお伝えしますが、潜在意識は「じゃあ、そうしよう」とは考えられないのです。なぜならその建設的なやり方を知らないかもしれないからです。

一般的に多くの人が子ども時代に、ほめられたり、励まされたりして育つのではなく、叱られたり、けなされたりして「恥ずかしいからがんばる」とか、「くやしいからがんばる」とか、「見捨てられたくないからがんばる」などのかたちで努力することを体験して育ちます。すると潜在意識は、そういうやり方が向上心を保つ唯一のやり方だと思い込んでしまうのです。

そういう場合でも、もっとよいやり方で向上心を保つことができることを潜在意識が理解したとき変化が起こるのです。

インナーチャイルドの思い違いを修正する

それぞれのインナーチャイルドにありがちな保持理由とそれに代わる方法を紹介します。先にも書きましたように、保持理由の多くは、生存、安全、受容、調和、愛、承認、成長に関係があります。

ここでいう「方法」とは、考え方と具体的な行動のことです。新しい考えに基づいて行動を変える、新しい自分自身のイメージをもつことを指しています。

例えば、自信がもてないという人の場合、自信をもつことを自分に許可していない場合があります。なぜでしょう?

考えられる原因のひとつは、自信をもつと傲慢と見なされて攻撃される、ないしは嫌われるといった思い込みです。このようなケースでは、自信をもつことと謙虚さを保つことは対立するものと解釈されています。だから安全のために、あえて自信をもたないように**恥と卑下のチャイルド**を保持しているというケースがあるのです。

しかし、謙虚とは、自分の地位や身分にとらわれず、素直な態度で人に接するという意味で、自信をもつことと対立しているわけではありません。むしろ本当に自信をもっている人のほうが余裕をもって人の意見にも真摯《しんし》に耳を傾けられるのではないでしょうか。

逆に、一見自信満々に振る舞い、人の意見に対して「おまえごときが何をいう！」といった態度で高圧的な態度をとり、潰したがる人もいます。これこそが典型的な傲慢です。

このような人は、本当は自信がなく、人の意見に脅《おびや》かされるのを恐れているため、虚勢を張ることで自分の身を守ろうとしているのかもしれません。背景には、**いじめられ不信チャイルド**がいて、その「しゃかりきモード」のひとつのあらわれとしてそのような考え方や行動を選択しているということが考えられます。

こういう人の場合には、逆に謙虚になると脅かされるといった思い込みがあるかもしれません。

このように、インナーチャイルドは往々にして、言葉の意味をはき違えたまま思い込みを抱えているために、思考が混乱する原因にもなります。

あるインナーチャイルドを見つけたときに、それがなぜ保持されているのかを探索することは、それに伴ってさまざまな思い違いを修正することにもなります。

その結果、思考がどんどんクリアになるのです。そして、同じ目的を満たす、よりよい考え方ややり方を見出したときに、インナーチャイルドは解消に向かうのです。

新しい考え方・行動を潜在意識に理解させる

それぞれのインナーチャイルドの対処モード別のよくありがちな保持理由を表で示します（111ページ参照）。簡単にまとめてみましたが、これはあくまでよくある事例ということで絶対的ではありません。また、表の中に斜線が入っている項目は、潜在意識がメリットを認めることは、ほぼないと思われるという意味です。

例えば、**いじめられ不信チャイルド**の「いいなりモード」で実際にいじめられる、疑った見方をするなどにメリットがあるとは、考えにくいのです。もし潜在意識が、**いじめら**

れ不信チャイルドの保持にメリットがあると判定している場合には、「逃げモード」で、人と深くかかわらない、目立つことを避けるなどが安全の役に立つ、あるいは、「しゃかりきモード」で、くやしいからがんばったことが結局、人から認められる、あるいは成長の役に立つなどの理由で保持されていると考えられます。

ここでちょっと注目していただきたいことは、インナーチャイルド同士の連携があり得るということです。

恥と卑下のチャイルドの「逃げモード」で、人と親密になることや目立つことを避けることで安全が得られるとしたら、逆に「どうしたら、なぜ安全でないのか?」と問いかけることができます。すると、「愛情を求めると拒絶される」とか、「目立つと非難される」といった思い込みに行き着きますが、これらの思い込みは、**いじめられ不信チャイルド**に属しています。つまり、**いじめられ不信チャイルド**が**恥と卑下のチャイルド**を保持させる「黒幕」だったことになります。

似た関係は、**失敗予測チャイルド**と**罰と罪悪感のチャイルド**の間にもあり得ます。**失敗予測チャイルド**の「逃げモード」で、チャレンジを避けることで安全が得られるというの

●インナーチャイルドが保持される理由

チャイルドの種類	モード	行動・態度	考えられるメリット
恥と卑下のチャイルド	いいなりモード	遠慮、我慢	調和、受け入れられる ①
	逃げモード	消極的になる	安全 ②
	しゃかりきモード	ストイックに努力	認められる、成長 ③
いじめられ不信チャイルド	いいなりモード	いじめられる	
	逃げモード	消極的になる	安全 ④
	しゃかりきモード	くやしいからがんばる	認められる、成長 ⑤
見捨てられ不安チャイルド	いいなりモード	いつも不安がる	
	逃げモード	人を頼りにしない	自立を通じて成長 ⑥
	しゃかりきモード	人に尽くす	愛情、認められる、成長 ⑦
失敗予測チャイルド	いいなりモード	実際に失敗する	
	逃げモード	チャレンジしない	安全、受け入れられる ⑧
	しゃかりきモード	慎重にチェック	安全、認められる、成長 ⑨
罰と罪悪感のチャイルド	いいなりモード	自虐的になる	安全、受け入れられる ⑩
	逃げモード	「いい子」になる	安全、愛情、受け入れられる ⑪
	しゃかりきモード	自他に厳しくなる	認められる、成長 ⑫

なら、「もしチャレンジしたらどうなる？」と問いかけることができます。そして、「チャレンジして失敗すると罰を受ける」という思い込みがあるのなら、これは**罰と罪悪感のチャイルド**の思い込みです。つまり、**失敗予測チャイルド**を保持させる「黒幕」が、実は**罰と罪悪感のチャイルド**だったことになります。

潜在意識がインナーチャイルドを保持する目的がわかれば、その目的を満たす別なより建設的なやり方に置き換えることで、解消できることになります。

すでに述べましたように、例えば**いじめられ不信チャイルド**の「逃げモード」で、いじめられたくないから人間関係に消極的になるというやり方で、安全を確保する代わりに、信頼関係を育むことで安全を保ったほうが建設的であるということを潜在意識に理解させればいいのです。

信念を変えようとしたときに手強いのが、「しゃかりきモード」が、人から認められることや成長の役に立つという理由で保持されている場合です。

恥と卑下のチャイルドは、「恥ずかしい」「こんなんじゃダメだ」と自分にムチを打って努力する傾向がありますし、**いじめられ不信チャイルド**は、くやしいから見返してやりたくてがんばる傾向があります。それは成長過程で役立つことも多いのですが、そのがんばり方をする限り、インナーチャイルドは残ってしまいます。

自分を認め、私はすばらしい可能性をもっているからこそそれを磨こうと考えたり、成長して自分の可能性が広がることがワクワクするからがんばろうといった考え方に置き換えたりできれば、わざわざネガティブな信念を保持する必要性がなくなるのです。

ここで、それぞれのパターンに対する置き換え例を示します。数字は、１１１ページの表の中のパターンを表しています。

①「遠慮や我慢をするから受け入れられる」を

←「能力や才能を発揮しながら受け入れられる」に置き換えます。

※この思い込みは、裏を返すと「自己主張すると拒絶される」という思い込みが潜んでいるかもしれません。そうであれば、「自己主張しながらも、お互いに尊重し合いながら協調する」という考え方に置き換える必要があるかもしれません。

②「人とのかかわりを避けることで安全でいられる」や
「目立たないようにすることで安全でいられる」を
↓
「信頼関係を育むことで安全を確保する」や
「能力や才能を発揮しながら地位を確保する」に置き換えます。

※この思い込みは、裏を返すと「人と親密になると攻撃される」とか、「目立つと非難される」という思い込みが潜んでいるかもしれません。そうであれば、「人と親密になることで安心できる」とか、「主張することで味方を獲得する」という考え方に置き換える必要があるかもしれません。

③「自分を恥ずかしいと感じるから努力できる」を
↓
「自分の可能性を認めるからこそ、もっと磨こうと考える」と置き換えます。

④「人とかかわるといじめられる」や
「目立つと攻撃される」を

←「信頼関係を育むことで安全を確保する」や「能力や才能を発揮しながら地位を確保する」に置き換えます。

⑤「くやしい、見返してやると考えるからやる気が出る」を

←「人の役に立てて感謝されるとやる気が出る」に置き換えます。

⑥「人をあてにせず自分で何でもやるから成長できる」を

←「自立しながら人と協力し合う」に置き換えます。

⑦「人に尽くすから関係が保たれる」を

←「尊重し合う関係を育む」に置き換えます。

⑧「どうせ失敗するからチャレンジはやめておく」を
「チャレンジを重ねれば成功できる」に置き換えます。

⑨「失敗しないように慎重に行うから認められる」を
「最高の仕事がしたいからきちんとチェックする」に置き換えます。

⑩「罰を受ける前に自分を責めたほうが受け入れられる」を
「率直にお詫びし、反省して教訓化すればいい」に置き換えます。

⑪「罰を受けそうなことを避け、いつもいい子でいれば安全だ」を
「いいこと、悪いことの分別は自分でつけられるから自分を信じる」に置き換えます。

⑫「自他に厳格であることが私の責任だ」を
　　　←「自他を励まし意欲を引き出すことが私の役割だ」に置き換えます。

　このように、今までは自分でも気がつかないうちにどういう考え方をしてきたのかを明るみに出したうえで、どういう考え方に置き換えるのかを明確にすることで変化の入り口に立つことができるのです。

どのインナーチャイルドがいるのかまとめてみよう

　あなたの思い込みに深く気づき、それを「手放して卒業してよい」と決心すれば、それだけでも変化は起こり始めます。また、置き換える新しい考えを実際の考え方・行動に移して、それが十分に目的を果たせるという確信が得られれば変化が現れてきます。

　そして、気づきから実際に新しい考え方・行動に移るとき、多くの場合には、セルフワークが役に立つでしょう。ワーク方法は、インナーチャイルドとインナーベビーの両方に共通して使えます。手放したい思考と新しく定着させたい思考をそれぞれ決めてワークに使います（セルフワークのやり方は、第4章で紹介します）。

ここでは、まずあなたのインナーチャイルドを119ページのようにまとめてみてください。これをきちんとまとめて白日の下にさらすと、それだけでも変化が起こり始めます。

このようなメモをチャイルドごとに作成して、後ほど紹介するセルフワークに用いることができます。

インナーチャイルドの存在とその保持理由が深く納得できて、そのメリットを満たす、より建設的な考え方・やり方に心から変えたいと思えば、その思いが徐々に潜在意識に浸透して変化が起こる場合はあり得ます。しかし、多くの場合には、やはり潜在意識はなじみのあるやり方に固執する傾向があるので、はっきりと変えると決めてワークに取り組む必要があるでしょう。

記入例

①どのタイプのインナーチャイルドがいましたか？　そのコア（核）にある思い込みは、どんな文言で表現できますか？

恥と卑下のチャイルド。「私は無価値だ」「私がやることは無価値だ」

②あなたの中にいるインナーチャイルドのどのモードを用いてきましたか？　「いいなりモード」「逃げモード」「しゃかりきモード」、これらの中でどのモードのときにどんなメリットがありましたか？（複数見つかる場合もあります）

もっぱらしゃかりきモード。「いつもこんなんじゃダメだ。もっともっとがんばらないと」と、自分を駆り立ててきて結果的に向上できた。

③そのインナーチャイルドを保持することでのデメリットは、どんなことがありますか？　②のメリットとデメリットを比較してみましょう。

自信がもてない。自己主張や自己アピールすることができず、結局、損をしている。対人緊張が強くてストレスになる。

④メリットを満たす、より建設的な考え方にはどんなものがありますか？　納得がいくものを考えて文章にしてみましょう。

自分は自分だけの才能やアイディアをもっている。それをもっと磨いて伸ばせばもっと人生がすばらしくなる。

⑤インナーチャイルドの思い込みを手放すことに不安や恐怖はありますか？　あるとしたらどうしてでしょうか？　それを解決する方法を考えてみましょう。

不安としては、向上心がなくなって無気力になってしまうのではないか？　対策としては、もっと夢や目標をはっきりさせて、それを実現している自分のイメージをもち続ける。

①どのタイプのインナーチャイルドがいましたか？　そのコア（核）にある思い込みは、どんな文言で表現できますか？

②あなたの中にいるインナーチャイルドのどのモードを用いてきましたか？　「いいなりモード」「逃げモード」「しゃかりきモード」、これらの中でどのモードのときにどんなメリットがありましたか？（複数見つかる場合もあります）

③そのインナーチャイルドを保持することでのデメリットは、どんなことがありますか？　②のメリットとデメリットを比較してみましょう。

④メリットを満たす、より建設的な考え方にはどんなものがありますか？　納得がいくものを考えて文章にしてみましょう。

⑤インナーチャイルドの思い込みを手放すことに不安や恐怖はありますか？　あるとしたらどうしてでしょうか？　それを解決する方法を考えてみましょう。

第3章

あなたのインナーベビーのタイプは？

インナーベビーとは生まれたときにもっている思考のこと

今までインナーチャイルドについてくわしく説明してきましたが、この章ではインナーチャイルドのベースにもなっているインナーベビーについてお話ししたいと思います。インナーチャイルドのネガティブな思い込みを根本的にすっきり解消するためには、さらなる奥の世界に踏み込む必要があるかもしれないからです。

突然ですが、この世に生を受けたその最初に、私たちの思考はどのように初期設定されていたのかご存じでしょうか。

哺乳動物の中で、人間ほど未熟な状態で生まれてくる動物はいません。馬の赤ちゃんは、生まれてきてすぐに立ち上がり、自分の足で歩くようになります。イルカは生まれてきたらすぐに、自分の力で泳ぐようになります。

けれども人間の場合は、赤ちゃんのときには自分ではほとんど何もできず、できることといえば泣くことぐらいです。ほぼ100％お母さんに依存するような状態で生まれ、それが約2年も続きます。つまり、極端に未熟な状態で生まれてきており、そこから次第に成長していくようになっています。

実は、人は皆、最初にこの世に生を受けるとき、まるで王様かお姫様のような初期設定で生まれてきています。「私は大切にされて当然、喜ばれて当然、やってもらえて当然、守ってもらえて当然、ほめられて当然……」という状態です。当然だと思っている状態でなくなると、泣くことで何らかの対応を求めるのです。

また、稚拙ながら、成長を動機づける考え方も生まれてきます。「万能であるべき、うまくやれるべき、ほめてもらえるべき」といったものです。

このように、人が誰しも生まれてきたときに備えてきた思考に、私は「インナーベビー」と名付けました。

こうした思考は赤ちゃん期に役に立つものです。よく、赤ちゃんは純粋無垢で生まれてくるといわれます。確かにそうなのですが、赤ちゃんのときの思考は、実は自己中心的で短絡的そのものなのです。

インナーチャイルドのうしろに隠れているインナーベビー

インナーチャイルドの思い込みは、もともとこのインナーベビーをベースにつくられています。ですから、インナーチャイルドのもっと深い部分に、インナーベビーが残って潜んでいる場合が多いのです。

見捨てられ不安チャイルドを例にとって説明しましょう。どうして、実際に見捨てられたわけでもないのに「見捨てられた」という思い込みができるのでしょうか。

赤ちゃんは最初、自力では生きられないことを前提に、「いつも面倒を見てもらい、いつも守られているのが当然だ」という思考をもって生まれてきます。このような考え方をしますから、もしそういう状態でない環境に置かれてしまうと、「見捨てられた」と短絡的に解釈してしまうのです。

同様に赤ちゃんには、「いつも大切にされて当然だ」という思考パターンもあります。たとえ大切に思われていたとしても、具体的にお世話をしてもらうことでしか大切にされていることがわからないのです。

そして「私は見捨てられる」という思い込みができると、「私はつねに守られて、大切にされるべきだ」という思考（インナーベビー）が抑圧され、心の深いところに残ってしまいます。

インナーベビーは、本来成長とともに解消され、より適応的な思考に置き換わるのです。でも、インナーチャイルドの思い込みがつくられると、それによって抑圧されて表には出にくくなるのですが、抑圧されることで成長が止まってしまい、潜在意識に残ってしまうのです。

そのためインナーベビーが人生の多くの問題にかかわっています。

そして、どんなインナーベビーがインナーチャイルドがいるかがわかると、そのうしろにどんなインナーベビーが潜んでいるかも推測できます。

インナーチャイルドが最初にできたときには、その前提にインナーベビーは必ず存在しています。成長過程でインナーベビーが姿形（考え・行動）を変えたり、解消されている可能性はあります。ですから、インナーチャイルドのうしろに必ずインナーベビーがいるとはいえませんが多くの場合には存在します。

インナーベビーが単独でそのまま残っていたり、姿形を変えて残っている場合もあります。

例えば、極端に負けず嫌いで、いつも相手に優越していないと気がすまず、負けると相手の勝ちにケチをつけたがるような人がいるとします。端から見ても大人げないのですが、これは**優越したいベビー**がそのまま残っている事例です。

また、もともとは、「みんなが喜んでくれるべきだ」（これは、**喜ばれたいベビー**です）という思考だったのが、成長過程で、「私がみんなを喜ばせるべきだ」に変化して残っている人もいます。こういうケースでは、無理をしてでもまわりの人によくしようとします。

それぞれのインナーベビーの特徴については、後ほど紹介します。

インナーベビーと向き合うことで訪れる変化

インナーベビーは、潜在意識に残ってはいても、普段は抑圧され、隠れています。でも、日常的に影響を受けています。特にストレスにさらされたときや親しい相手に対して、現れてくることがあります。

例えば、他人に対しては出ないようなわがままや理不尽な怒りが親しい人に対して出るときなどです。あなたもそんな経験があると思います。これはもともと生まれたときの初期設定が養育者（お母さん・お父さん）に対して向けられた思考だからなのです。

つい顔をのぞかせる大人げない感情や思考が「インナーベビーのしわざなんだなあ」と気づき、それを受け入れて向き合うことができれば、ストレスやいらだち、落ち込み、不満などがなくなり、ネガティブな思い込みを解消する方向に向かうことができます。

実は、ネガティブな思い込みを解消するためには、インナーチャイルドより先にインナーベビーから解消したほうがスムーズにいきます。とはいっても、インナーベビーの要求自体は、たいがいは間違っているわけではありません。

例えば、思いどおりになってほしい、大切にされたい、わかってほしい、人より優越したい、こうした「～したい」という欲求自体が悪いわけではありません。インナーベビーの思考が、「～べきだ」というかたちで現れ、ほかの人や状況に対して要求してしまうのが問題なのです。

そのときのインナーベビーは、要求が叶わない状況を受け入れることができず、自分が不当に扱われたか、または自分に欠陥があるというような極端な解釈をしてしまい、柔軟性に欠けています。

このような思考パターンは、赤ちゃんのときには、泣くという反応を引き起こすのに役に立ちますが、成長するに従い、望みを叶えるのには逆効果になります。

例えば、まわりの人に対して「自分の期待どおりに動くべきだ」といつも考えて、要求がましい態度をとり、それに従わないと、怒りや不満を表す人がいたらどう感じますか？その人の期待に応えようという気持ちになるよりも、避けてかかわらないようにしたくなりませんか？　結局、望みはかえって叶いにくくなるのです。

そして、「〜べきだ」と思い込んでいるインナーベビーを出発点にするとこんなふうに思考や感情が展開します。

「私の気持ちや感情はつねに理解されるべきだ」　↓　理解されていない。伝わっていな

い　↓　理解しない相手は私を不当に扱っている。許せない！　↓　あれ？　そういえばいつもそうだ　↓　「私の気持ちや感情は無視される」と思い込む。

しかし、根本的には、同じ「理解されたい」でも、ちょっとした違いからまったく違う展開をつくり出すこともできます。

「私の気持ちや感情が理解されるとうれしい」　↓　でも、理解される場合とそうでない場合がある　↓　理解されるために私ができることは何だろうか？

いかがでしょうか。後者の考え方のほうが建設的ですよね。

そして、後者のような考え方のほうが、理解されたいという目的にとって有益だと潜在意識が理解すれば、それを新しい考えの道筋として採用し、インナーベビーの古い思考を手放すことになります。

人によっては、うすうす自分の心の奥底には、よこしまで幼稚な「よくないもの」が潜んでいて、隠さなければならないと感じている人もいると思います。でも、向き合ってしまえば、なんということもないのです。これはちょうど、闇にうごめく気配を感じると恐ろしく感じるけれども、光を当てて猫だったことがわかれば怖くないのと似ているかもしれないですね。

どのインナーベビーがいるのかチェックしてみよう

インナーチャイルドよりさらに心の深いレベルには、インナーベビーが存在していることはおわかりいただけたかと思います。

インナーベビーもまた、インナーチャイルドと同じように性格や行動によってグループ分けすることができます。

では、あなたの心にはどんなインナーベビーが潜んでいるのか、チェックしてみましょう。インナーチャイルドのときとは違って、チェックシートは一つです。50の設問がありますので、まずは全部の設問に答えてみてください。

インナーベビーの場合は、合計点数は考慮しません。1個でも「5　非常にそう思う」「4　そう思う」に該当すれば、インナーベビーが存在すると考えられます。なぜなら、基本的には抑圧されて隠されているので、現れ方や現れる状況が限られているケースが多いからです。中には、これらの設問に対する回答には現れないケースもあります。

インナーベビーというのは、潜在意識の分厚い層の底辺に位置するものなので、抑圧されたり、屈折したり、巧妙に隠されたりするので、このテストだけですべてわかるとは限りませんし、本当の強さの度合いがすぐに判定できるというわけではありません。ただ、「5　非常にそう思う」「4　そう思う」がたくさんあると、その影響を日常的に強く受けているということはいえます。

普段は現れなくても、不満や怒りが蓄積して、突然爆発する場合もあります。

● インナーベビーチェックシート ●

インナーチャイルドのときとは違い、チェックシートは一つです。50の設問がありますので、「5　非常にそう思う」「4　そう思う」「3　どちらともいえない」「2　そう思わない」「1　まったくそう思わない」の５段階のうちで、最も当てはまる数字にチェックを入れてください。インナーベビーの場合は、合計点数は考慮しません。１個でも「5　非常にそう思う」「4　そう思う」に該当すれば、インナーベビーが存在すると考えます。

これまでの人生全般を振り返り、事実がどうあったかということよりも感覚的にどう感じたかで回答してください。

	1	2	3	4	5
1．頼みごとを断られるとムッとする	□	□	□	□	□
2．相手が頼んだことをすぐやらないと怒る	□	□	□	□	□
3．思いどおりにいかないとイライラする	□	□	□	□	□
4．思いどおりにいかないと誰かに怒る	□	□	□	□	□
5．運転中にイライラする	□	□	□	□	□
6．パソコンの不具合にイライラする	□	□	□	□	□
7．待たされるとイライラする	□	□	□	□	□
8．人の長電話にイライラする	□	□	□	□	□
9．相手が期待と違う行動をとると怒る	□	□	□	□	□
10．叶わなかったことに固執する	□	□	□	□	□
11．頼みごとを断られると落ち込む	□	□	□	□	□
12．相手が頼みごとを即やらないと落胆する	□	□	□	□	□
13．思いどおりにいかないと落胆する	□	□	□	□	□

インナーベビーチェックシート

	1	2	3	4	5
14. 待たされると不安になる	□	□	□	□	□
15. 思いどおりにならないことが多い	□	□	□	□	□
16. 意見を述べても無駄だと思う	□	□	□	□	□
17. 私の気持ちは無視されるだろう	□	□	□	□	□
18. 軽視されたと思うと腹が立つ	□	□	□	□	□
19. 後回しにされると腹が立つ	□	□	□	□	□
20. 自分が大切にされていないと感じる	□	□	□	□	□
21. 守ってもらえなかったという思いがある	□	□	□	□	□
22. 心配してくれないと腹が立つ	□	□	□	□	□
23. 心配してくれないとがっかりする	□	□	□	□	□
24. 手助けが得られないと腹が立つ	□	□	□	□	□
25. 手助けが得られないと不安になる	□	□	□	□	□
26. 誰かに頼りたい気持ちが強い	□	□	□	□	□
27. 相手が無関心だと腹が立つ	□	□	□	□	□
28. 相手が無関心だとがっかりする	□	□	□	□	□
29. 相手がつまらなさそうだと腹が立つ	□	□	□	□	□
30. 全員から好かれていないと居心地が悪い	□	□	□	□	□
31. 気持ちがわかってもらえないと感じる	□	□	□	□	□
32. いいたいことが伝わらないと感じる	□	□	□	□	□

インナーベビーチェックシート

	1	2	3	4	5
33. いわなくても気持ちをわかってほしい	□	□	□	□	□
34. 気が利かない人間に腹が立つ	□	□	□	□	□
35. 嫉妬深いところがある	□	□	□	□	□
36. 人にモノを貸したくない	□	□	□	□	□
37. 母親をダメな親だと思う	□	□	□	□	□
38. 父親をダメな親だと思う	□	□	□	□	□
39. 母親に対して怒りがある	□	□	□	□	□
40. 父親に対して怒りがある	□	□	□	□	□
41. いつも一番でいたい	□	□	□	□	□
42. いつも優位に立っていたい	□	□	□	□	□
43. 見下されると腹が立つ	□	□	□	□	□
44. 失敗すると言い訳したくなる	□	□	□	□	□
45. 失敗するとやり場のない怒りを感じる	□	□	□	□	□
46. 何でもうまくできなければと思う	□	□	□	□	□
47. 批判されると腹が立つ	□	□	□	□	□
48. 批判されると落ち込む	□	□	□	□	□
49. 認めてもらえないという思いがある	□	□	□	□	□
50. 努力してもほめてもらえないと思う	□	□	□	□	□

●シートのチェックを終えて……

★設問1～20で、1個でも「5　非常にそう思う」「4　そう思う」に該当
↓　**要求するベビー**が存在します（138ページ参照）。
★設問21～28で、1個でも「5　非常にそう思う」「4　そう思う」に該当
↓　**守られたいベビー**が存在します（141ページ参照）。
★設問29～30で、1個でも「5　非常にそう思う」「4　そう思う」に該当
↓　**喜ばれたいベビー**が存在します（144ページ参照）。
★設問31～34で、1個でも「5　非常にそう思う」「4　そう思う」に該当
↓　**理解されたいベビー**が存在します（148ページ参照）。

★設問35〜36で、1個でも「5　非常にそう思う」「4　そう思う」に該当

↓　独占したいベビーが存在します（151ページ参照）。

★設問37〜40で、1個でも「5　非常にそう思う」「4　そう思う」に該当

↓　何らかのインナーベビーに関係している可能性があります。

設問37〜40は、特定のインナーベビーに関係する設問ではありませんが、何らかのインナーベビーに関係している可能性があります。これらの項目に4か5のチェックがある場合、理由を自分に問いかけてみてください。

両親があなたに「○○をした」、あるいは「○○をしてくれなかった」ということがあるにせよ、現にあなたを大人になるまで育ててくれたのです。ひどいことをしたとか、何かしてくれなかったということをさっ引いても、してくれたことのほうがはるかに多いのではないでしょうか。

それでも両親に不満や怒りがある場合、「親なのだから自分にこうしてくれるべきだ」というような思考を前提にしている場合が多いのです。その怒りや不満を母親（あるいは父親）は、「私に（私を）〇〇してくれるべきだった」という構文で表してみましょう。「〜すべきでなかった」という構文の場合も、「では、どうするべきだったのか？」という構文に変換して考えます。

それがいずれかのインナーベビーに当てはまるかもしれません。それは、現在の親との関係以前に、赤ちゃん期か幼少期に両親に抱いた怒りや不満をベースにしていることが多いものです。

★設問41〜43で、1個でも「5　非常にそう思う」「4　そう思う」に該当

↓ **優越したいベビー**が存在します（154ページ参照）。

★設問44〜46で、1個でも「5　非常にそう思う」「4　そう思う」に該当

↓ **万能でいたいベビー**が存在します（157ページ参照）。

★設問47〜50で、1個でも「5　非常にそう思う」「4　そう思う」に該当

↓ **ほめられたいベビー**が存在します（160ページ参照）。

要求するベビー

特徴

要求するベビーは、多くの人に幅広く存在しますが、丸出しにするわけにいかないので、普段は抑圧されたり、巧妙に隠されていたりしています。それでも、気を許した相手や特定の状況で急に現れることがあります。

大まかにいえば、周囲の状況や人に対して、要求したり期待したりして、思いどおりにならないと怒りを生み出します。一方で、その怒りを抑圧するために落ち込むという反応になることもあります。

原型は、赤ちゃんが自分の要求が通らないときに泣いたり怒ったりする反応です。思いどおりにならないことに癇癪《かんしゃく》を起こす幼児の反応もこれによるものです。

大人になるとさすがにストレートには現れませんが、思いどおりにならないことに対してイラッとする怒りやいらだちが湧き起こるもとです。

こんなことが当てはまりませんか？

・状況や他者が思いどおりにならないとイライラする。
・待たされるとイライラする。
・すぐに対応してもらえないとイライラする。
・最優先にされないとむくれる。
・パソコンの作動が遅く頻繁にフリーズするとキレる。
・車の運転中にイライラする。

具体的なフレーズ

「何でも思いどおりになるべきだ」
「相手は私の期待どおりにするべきだ」

「私の望みはすぐに叶えられるべきだ」
「私が必要ならすぐに対応してもらえるべきだ」
「私の要求は最優先されるべきだ」
「私はつねに大切にされるべきだ」

関係するインナーチャイルド

「私の要求は無視される」「私の要求は拒絶される」「私は後回しにされる」などの思い込みを通じて、いじめられ不信チャイルドの基盤になっている場合があります。

置き換え例

「法則に沿って願望を実現する」
「人の心をつかんで協力を得る」

※これらをプログラムする方法は後で説明します。

守られたいベビー

特徴

守られたいベビーは、養育や保護が必要であることを前提に、自分に関心を寄せて、お世話をし、必要なときに自分を助けてくれることを要求する思考です。そうでなかったとしたら、「見捨てられた」をはじめとする不当な扱いを受けたと感じて、見捨てられ不安チャイルドができる原因になります。

ですから、見捨てられ不安チャイルドをもつ人の多くが、ひそかにこのベビーをもっています。

「見捨てられ不安」と呼ばれる独特の不安感、そして、「どうして心配してくれないのよ!!」といった怒りを生み出します。

ケースによっては、「病気になれば守ってもらえる」といった思考を通じて、病気さえ引き起こすことがあります。

こんなことが当てはまりませんか？

・人が自分に無関心だと不安、または不満になる。
・自分でできることでも人に頼りたくなる。
・用もないのに電話やメールをしたくなる。
・相手が心配してくれないと腹が立つ、または落ち込む。
・守ってくれる人に憧れを抱く。

具体的なフレーズ

「私はつねに守られるべきだ」
「私はつねに助けてもらえるべきだ」
「私はつねに保護されるべきだ」

「私はつねに世話をしてもらえるべきだ」

関係するインナーチャイルド

「私は見捨てられる」「私は放置される」などの思い込みを通じて、見捨てられ不安チャイルドの基盤になっている場合がほとんどです。

置き換え例

「自分で安全と安心を確保する」
「安定した絆を育む」

喜ばれたいベビー

特徴

赤ちゃんは、最初に生まれてくるときに、「私がただいるだけでみんなが喜んでくれるべきだ」と思っています。これが前提で、そう扱われていないと感じると、一転して「私は喜ばれていない」「私は嫌がられている」と解釈し、「私は嫌われ者」「私はいらない子」「私は厄介者」などの極端な思い込みをつくり、これが恥と卑下のチャイルドの原因となります。あるいは、「私は拒絶される」「私は非難される」などの思い込みをつくり、いじめられ不信チャイルドの原因になります。

このインナーベビーは、成長する過程で思い込みの内容が、「私はつねにみんなを喜ばせるべきだ」に変型して残る場合があります。

このインナーベビーをもつ人の特徴は、自分に対する人の態度によって気分が非常に浮き沈みすることです。

こんなことが当てはまりませんか？

・かかわる人全員に好かれるなんて無理なのに、誰かしら自分を快く思っていない人がいるだけで、居心地悪く感じる。グループの中に不機嫌な人がいると「私のせい？」などと考えたり、自分が責められてでもいるかのように感じたりする。
・一緒に過ごしている人が不機嫌だったり、ふさぎ込んでいたりすると、最初は自分が責められているように感じ、そのうちに「なんで私と一緒にいるときに、そんな顔しているのよ」と相手に怒りを感じるようになる。
・自分がしてあげたことが喜ばれないと、ひどく落胆するか、怒りを感じる。
・誰かに嫌われていないかつねに気になる。
・無理をしてでも人を喜ばせようとする。
・人と一緒に過ごすと疲れる傾向がある。

具体的なフレーズ

「私はつねにみんなに喜ばれるべきだ」
「私はいつも喜ばれるべきだ」
「私はみんなに喜ばれるべきだ」
「私はみんなを喜ばせるべきだ」

関係するインナーチャイルド

「私は嫌われ者」「私はいらない子」「私は厄介者」など思い込みを通じて恥と卑下のチャイルド、あるいは、「私は拒絶される」「私は非難される」などの思い込みを通じていじめられ不信チャイルドに関係します。

置き換え例

「喜びを分かち合う」

「allow others to be（人が人それぞれであることを許す）」

※これらをプログラムする方法は後で説明します。

理解されたいベビー

特徴

これまでのテスト結果で、普通の大人の大半が、これをもっていることがわかっています。

例えば、ある夫婦の実例です。ある日突然、妻が夫に離婚を迫りました。驚いた夫が理由を聞くと、「結婚してから一度も愛しているといってくれなかった」ことが理由だとか。夫が、「そんなことぐらいいわなくてもわかるだろう！」といい、妻が「いわなくちゃわかんないわよ」といいました。夫が「そんなに言葉でいってほしかったら一言そういえばよかったじゃないか！」というと、妻の一言。「そんなことぐらいいわなくてもわかるでしょ！」。

笑い話のようですが、笑えない話です。愛し合っていても、お互いにこのインナーベビーをもっているとこんなすれ違いも起こり得るのです。

怒り、いらだち。「(私が言葉を使わなくても)気持ちや感情、要求は理解されるべきだ」という思い込みが特徴です。

こんなことが当てはまりませんか？

・「そんなことぐらいいわなくてもわかるだろう」と思いイライラする。
・「何もいわなくても気持ちを察してほしい」と感じる。
・「いわなくてもしてほしいことを察してほしい」と思う。
・期待はずれだった相手を「鈍い」「気が利かない」などと腹立たしく思う。

具体的なフレーズ

「私の気持ちや感情は(言葉を使わなくても)つねに理解されるべきだ」
「私の要求はつねに理解されるべきだ」

関係するインナーチャイルド

「私の気持ちや感情は無視される」「私の要求は無視される」などの思い込みを介して、いじめられ不信チャイルドに関係します。

置き換え例

「コミュニケーションを通じてわかり合う」
「自分の気持ちを表現する」

※これらをプログラムする方法は後で説明します。

独占したいベビー

特徴

愛情の独り占めにこだわるケースと、物の独占にこだわるケースがあります。前者は、養育の確保に関係し、後者は、衛生上の理由により遺伝的に本能に近いものとして備わったものと思われます。

前者は、浮気などではなくても、自分にとって大切な人が、自分以外の人間を大切にすること自体に耐えがたいという特徴があります。

後者の場合、とにかく人に物を貸すのを嫌がります。また、例えば結婚した相手が嫌いなわけでもないのに、自分の洗濯物と相手の洗濯物を一緒に洗うことを嫌がるケースもあります。

このようなインナーベビーは、あまり多くはないですが、単なる嫉妬深さや単なるケチとは異なります。

こんなことが当てはまりませんか？

・自分にとって大切な人が、自分以外の人間を大切にするのが、なぜか不愉快に感じる。不愉快までいかなくても何かそわそわする。

・自分のものを人に貸したり、触られたりするのが、やたら不愉快に感じる。

具体的なフレーズ

「愛情は独り占めできるべきだ（さもないと捨てられてしまうかもしれない）」

「私のものは私専用であるべきだ（さもないと病気をうつされるかもしれない）」

関係するインナーチャイルド

前者のパターンは、見捨てられ不安チャイルドと一緒に存在するとお互いを強化します。後者のパターンは、いじめられ不信チャイルドと一緒に存在するとお互いを強化します。

置き換え例

「つながりを分かち合う」
「豊かさを分かち合う」

優越したいベビー

特徴

いつも他者より優越するか一番でいたいベビーです。負けず嫌いで、相手に勝つことや優位に立つことにムキになります。幼いときには成長の動機づけにはなりますが、自分が優位を保てないとなげやりになったり、過度に競争的になったりします。

また逆に、負けたらやる気や興味を失ったり、負けそうなことは最初からやらないと後退的に現れたりする場合もあります。

こんなことが当てはまりませんか？

・人より優位でいないとくやしい、または、一番でないと気がすまない。

・優位に立てないのなら最初からやりたくない。
・優位に立ちたくてムキになる。
・勝ち負けに固執する。
・負けると相手のやり方に難癖をつけたくなる。
・負けると言い訳をしたくなる。
・負けるとふてくされる。
・優位に立たれると相手のあら探しをしたくなる。
・見下されたと思うと腹が立つ。

具体的なフレーズ

「私が一番であるべきだ」
「私はつねに優越するべきだ」
「私はつねに優《まさ》っているべきだ」

関係するインナーチャイルド

「私は人より劣っている」などの思い込みを通じて恥と卑下のチャイルド、「私は見下される」などの思い込みを通じていじめられ不信チャイルド、「私はいつも負ける」などの思い込みを通じて失敗予測チャイルドに関係します。

置き換え例

「加点法で考える」

「次の一歩に集中する」

※これらをプログラムする方法は後で説明します。

万能でいたいベビー

特徴

人ができることは、何でも自分もできなければならないかのような考え方を生み出します。これも、幼いときには、大人や年長者がやることをまねようとして成長に役立ちますが、だんだんマイナス面が大きくなります。優越したいベビーと、万能でいたいベビーの両方が残っていると、いろいろなスキルに手を出しては、どれも中途半端に投げ出すということを繰り返します。

何でもできなければならないと考えたり、最初から何でもうまくいかなければならないと考えたりします。うまくいかないと、それを受け入れられず、責任転嫁をしたり、言い訳をしたりする、あるいは、意欲を失って放棄する、自分には向いていないと決めつける、落ち込む、自分を責めるなどします。

こんなことが当てはまりませんか?

・人ができることは何でも自分もできなければならないかのように考える。
・最初からうまくできないとすぐ投げ出したくなる。
・うまくいかないとムキになる。
・いろいろなことに手を出しては投げ出す。

具体的なフレーズ

「私は万能であるべきだ」
「私がやることはつねにうまくいくべきだ」

関係するインナーチャイルド

「私は無能だ」などの思い込みを介して恥と卑下のチャイルド、「私は失敗する」などの思い込みを介して失敗予測チャイルドに関係します。

置き換え例

「加点法で考える」
「次の一歩に集中する」
※これらをプログラムする方法は後で説明します。

ほめられたいベビー

特徴

評価されないと、落胆、不満、怒りといった反応を引き起こすベビーです。ごく幼い頃には、存在そのもの、あるいはしたことが、肯定、承認、賞賛されたいという欲求が非常にあり、そうでないと不当に扱われたと感じます。大人になると、ストレートには表現しませんが、多くの人がひそかにもっています。

こんなことが当てはまりませんか？

・認められないと腹が立つか落胆する。
・人からの評価がやたら気になる。

・認めてもらえないと否定された気がする。
・いつもほめられることを期待する。
・ほめられないと否定された、無視されたという気がする。
・やったことを批判されると腹が立つ。
・やったことを批判されるとひどく落ち込む。

具体的なフレーズ

「私はつねに肯定されるべきだ」
「私がやることはつねに肯定されるべきだ」
「私がやることはつねに認められるべきだ」
「私はつねにほめられるべきだ」
「私がやることはつねにほめられるべきだ」

関係するインナーチャイルド

「私は否定される」「私がやることは否定される」などの思い込みを介して、いじめられ不信チャイルドに関係します。よかれと思ったことが罰の対象になると、罰と罪悪感のチャイルドに関係します。認めてもらえなかったことを「失敗」と意味づけた結果、失敗予測チャイルドに関係します。

置き換え例

「承認される」
「自己承認する」

インナーベビーとインナーチャイルドの密接な関係

インナーベビーとインナーチャイルドがどういう関係にあるかという説明は、すでにしていますが、ここは重要なポイントなので、もう一度説明しておきましょう。

インナーベビーの短絡的で稚拙な思考パターンは、本来であれば、成長過程で自然に消滅したり、より適応的な思考パターンに置き換わったりするのが好ましいものです。

しかし、成長過程で、インナーベビーの思考パターンを前提にして、インナーチャイルドがつくられると、インナーチャイルドがインナーベビーを抑圧して、ストレートに現れにくくなります。しかし、抑圧されることで成長が止まり、かえって原型のまま残る可能性が高くなるのです。

124ページでは、**守られたいベビー**と**見捨てられ不安チャイルド**の関係を例にとって説明しましたが、もう一例ありがちなパターンとして、**ほめられたいベビー**と**いじめられ不信チャイルド**の関係を例にとって説明します。

さらに、潜在意識にそのような構造があることで、例えばどのようにそこから思考が展開していくのかについて説明します。

「私がやることは、つねに認められるべきだ」という、**ほめられたいベビー**は「承認」を求めます。

子どもはよく、何か新しいことができるようになると、それを親に見せてほめてもらおうとします。そのとき、親が無関心な態度をとると、「ね～ぇ～、見～て～!!」と怒ることがあります。これは典型的に**ほめられたいベビー**が顔をのぞかせている反応です。

さらに、認められるどころか、否定されたり、けなされたり、無視されたりという体験をすると、「私はつねに否定される」「私はつねにけなされる」「私はつねに無視される」といったネガティブな思い込み（インナーチャイルド）がつくられてしまうことがあります。これは、インナーベビーの思考がもとになって、**いじめられ不信チャイルド**が生じたということです。

いじめられ不信チャイルドは、むやみに承認を求めたがる**ほめられたいベビー**の行動を抑圧するように働きます。

●インナーチャイルドとインナーベビーの関係●

矢印は、このベビーが基盤になって、このチャイルドがつくられる、そしてつくられたチャイルドが、基盤となったベビーを抑圧するという相関を表しています。太い矢印は、特に相関性が強いということを表しています。

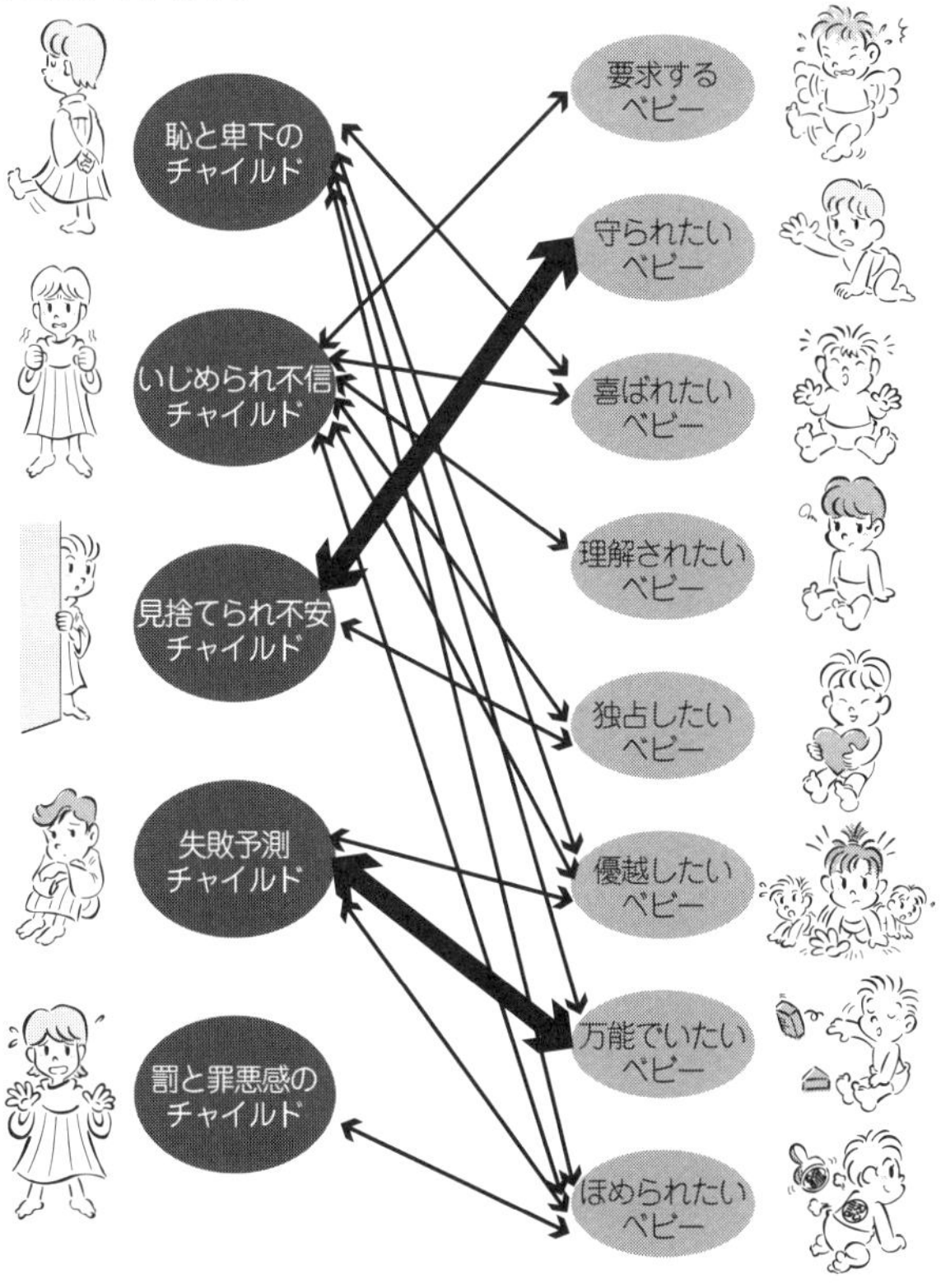

しかし、インナーベビーは抑圧されてはいるものの、怒りや不満の気持ちが残ってしまいます。結局、全体としては「私ががんばったところで、どうせ認めてなんかもらえないんだ」という屈折した考え方をつくってしまうのです。

こういう考え方は、さすがに大人げないので、多くの人はひそかにもちながらも隠しています。そこで、自分よりも大して優れていると思えない人が、人から認められたり、成功していたりするのを見ると、妬みの感情を抱いたり、何かしらケチをつけたくなるのです。これは、根本的には、「自分がもっと評価されるべきだ、評価されたい。でもそれは得られない」ということからくる抑圧された怒りを反映しています。

日本人の伝統的な親たちは、子どもをあまりほめないばかりか、あら探しをしてガミガミいう傾向がありました。だから、今の大人は、子ども時代、認められたりほめられたりしたい欲求が満たされずに育った人が多いようです。

アメリカ人の友人に、「日本人は、堂々と意見をいうことはあまりなく、一方で陰口が多い。これはよくない」といわれたことがあります。私もそう思いました。これは、日本人に**ほめられたいベビー**が**いじめられ不信チャイルド**に抑圧された構造をもつ人が多いことを暗示しているのではないかと思います。

自分が人に妬みの感情をもつと、「成功したり幸せになったりすると妬んで攻撃される」という思い込みが派生します。するといざ自分が目立ったり、成功を目指したり、幸せをつかもうとすると「妬まれて攻撃される」という恐れがそれを阻《はば》むことになります。ですから、人に妬みの感情を抱くことは、自分で自分の首を絞めることなのです。

インナーベビーを変化させることが幸せへの近道

このようにインナーチャイルドは、インナーベビーを抑圧したり、コントロールしたりします。

もし、インナーチャイルドのネガティブな考え方・行動だけを消去したとしたら、そのうしろに隠れているインナーベビーがむき出しになってしまいます。それも、インナーチャイルドが保持される理由のひとつです。

ですから、先にインナーベビーの思い込みを解消したり、思考を変化させたほうがスムーズに変化を起こせるわけです。インナーベビーがインナーチャイルドの前提であるために、インナーベビーが適切に変更されるとインナーチャイルドも消えてしまうこともあります。

しかし、先に説明しましたように、インナーチャイルドがひとたびできた後、それ自体に何らかのメリットが生まれた場合（例えば成長の役に立つなど）、それが理由に保持されているケースが多いので、そういう場合にはそれぞれ保持理由に対しても働きかけが必要です。

第2章の最後で、自分のインナーチャイルドと向き合うためのメモの書き方を説明しましたが、手放す考え方とそれに代わる新しい考え方を決めたら、同じようなやり方でセルフワークを行うことができます。

次の章ではインナーチャイルドとインナーベビーの性質を変えてあげる（＝手放す）ワークをいくつか紹介していきたいと思います。

体験談

セッションやワークで手に入れた本当の自分

リンゼさん（仮名）40代前半・女性

私は、医療事務の仕事、祖母の介護、家事、家業手伝いなどを必死でして生きてきました。心身ともにくたびれ果てて休めない状態で、何のために生きているのかと、時々途方にくれることもありました。

忘れもしない東日本大震災があった頃のことです。髪の毛を強く上に引っぱられるような感じの頭痛が起き、それも今まで経験したことがないひどい痛みで、気も狂わんばかりの恐怖と不安に襲われました。

頭痛は、小さい頃から頻繁に起きていましたが、どこの病院でも原因不明で治療法もわからないといわれてきたので、もう治らないものとあきらめていました。

しかし、あまりにひどい症状が出たのと、発生する間隔も短くなってきたので、なんとかしようとインターネットなどで情報を探しました。そこで、鈴木先生のウェブサイトやブログ記事にたどり着きました。潜在意識が身体症状を引き起こすケースがあるということがわかり、すぐにアポイントを入れて、個人セッションを受けることにしました。

個人セッションでは、身体症状の原因が精神的トラウマであったことがわかりました。

鈴木先生がトラウマに由来する思考パターンを特定して解放してくれたところ、長年悩んでいた頭痛が治ってしまったのです。これには本当にびっくりしました。

けれども、私が抱えていた問題は、それだけではありませんでした。セッションでは、潜在意識にある思考パターンが自分の人生にかなりの影響を与えていると指摘され、思い当たることばかりでした。先生と一緒にこの思考パターンを手放すワークを行い、新しい考え方と行動のとり方へと置き換えることができました。

心も体も楽になると、自分でもセッションができるようになりたいと思い、セミナーを何度か受講しました。今では、近しい方々を中心に個人セッションを行ったり、ワークショップを開催したりして、気持ちも充実した毎日を送っています。

自分の認知のゆがみに気づき、それを潜在意識から解除することができるこのプログラムは、多くの人に役立つものだと思います。なぜなら多くの人が抱えるストレスや苦痛は、自分自身がつくり出しているからです。そして自分に向き合うことで解決できることに気がつかないまま、時間やエネルギーを無駄に費やしているのです。

外に不満を向ける代わりに、自分を変えることに集中すれば、時間やエネルギーを自分自身の成長や、願望を実現するために使うことができます。

そのことを個人セッション、セミナー、セルフワーク、そしてほかの人に対するセッションを行うなかで、確信するようになりました。

今の私は、悩んでいる暇があれば、プログラムを使ってセルフワークに取り組んでいます。困難があっても乗り越え、前進できる強い心をもつことができ、まわりの人たちから頼られるような存在になってきたのではないかと思います。

また、問題が起こっても自分の何が原因で今の事態を引き寄せたかを冷静に判断できるようにもなってきました。

生きていればさまざまな試練に出合い、パニックにおちいったりしそうなこともありますよね。

今の私は以前とは違い、落ち着いて対処できる度合いが増えて、本当の意味での自尊心を保てるようになりましたし、自分を大事にすることができるようになりました。

このプログラムには、本当に感謝しています。

第4章

潜在意識に働きかけるセルフワーク

セルフワークでチャイルドとベビーの性格を変える

インナーベビーをベースにして、さらにインナーチャイルドがつくられるということがあることがおわかりいただけたと思います。

インナーベビーの思い込みを解消させることから、あなたの幸せへの道はスタートします。

この章ではいくつかのセルフワークをお教えします。セルフワークは、最初は今まで使ったことがない脳の使い方をするので、少しむずかしく感じられるかもしれません。一番やりやすいもの、少しでもあなたの気持ちに変化が感じられたものから集中してみてください。まず、変わることが可能だという体験をしていただきたいと思います。

こうしたワークを通じて、インナーベビーやインナーチャイルドがすぐに完全に消えなくても、だんだん柔軟性を帯びて、新しい思考パターンに変化していきます。

インナーベビーが引き起こす特徴的な反応は、「イラッ」とか、「ムカッ」というような怒り、あるいは、ささいなことで落ち込むといったものです。こうした反応が軽減したらインナーベビーが解消に向かっているという目安になります。あるいは今まで気にしていたことが気にならなくなるといったこともあるかもしれません。少し期間をおいた後で、またチェックシートをやってみるのもよいでしょう。

また、すぐに大きな変化が起きなくても、「あっ、これはインナーベビーの反応だ」というぐあいに気がつくようになると、それはもう変化が起き始める予兆です。気がつくというのは、それを客観的に観察しているということで、のみ込まれなくなっているということです。反応を正当化したいという衝動が湧くこともありますが、そういう思考を中断できたらそれも変化の予兆です。

「オススメベビー」としてワークに対応させていますが、専用というわけではなく、ほかのタイプのインナーベビー、またはインナーチャイルドにも応用できますので、いろいろ試してみてください。あなたに合った方法、効果的な方法がきっと見つかります。

思いどおりにならなくてイライラするとき、自分の要求が通らなくてムカつくとき
（オススメベビー……要求するベビー）

要求するベビーは、相手にいろいろ要求し、要求が通らないと泣いたり怒ったりする困ったベビーです。さすがに大人になると、そういうストレートな表現はしませんが、イラつく、ムカつく、がっかりするなどの反応を引き起こします。

小さい子が、自分の思いどおりにいかないと癇癪《かんしゃく》を起こすことがありますよね。これは**要求するベビー**による反応です。もちろん、チェックシートでこのベビーが見当たらなかった人でも、普段イライラしたり、落ち込んだりすることはあると思います。

このようなときは次のようなステップを踏んでみてください。

相手にムカッとしたり、イラッとしたりするときに、（普段は口には出さないけれども）その怒り、いらだちを最大に表す言葉を探してみてください。

例えば、

「なんで、私が頼んだようにやらないのよ‼」

「なんで、思いどおりにならないのよ‼」

「なんで、いつもそうやって待たせるんだ‼」

というぐあいです。


では、その怒りの前提にある思考パターンを「つねに〜べき」とか、「すぐに〜べき」という構文で表すとどうなりますか？

「相手はつねに私の期待どおりにするべきだ」

「現実は私の思いどおりになるべきだ」

「相手は私にすぐ対応すべきだ」

例えばこうなりますね。


ひそかに、こういう前提を置いて思考しているから、イライラしたり、ムカついたりするわけです。

でも、こういった考え方ってどう思いますか？

このような思考パターンは、結局はストレスや怒り、落胆をつくり出し、人間関係を悪くさせ、あなたが幸せになるための邪魔をしてしまいます。

考えてみれば、私たちは誰でも、こうした短絡思考をよりよい思考に置き換えながら成長してきたのです。

セルフワーク◇ゲームをクリアするイメージを重ねてみる

あなたは、子どもの頃に知恵の輪で遊んだ記憶があるでしょうか？　知恵の輪は、単純には解けないようにできています。ですから、癇癪を起こすのではなく、冷静に構造を見極めて頭を使って解く必要があります。

そうすると、知恵の輪は解け、「できた！」という達成感を味わうことができます。これは、あらゆることに相通じる考え方であるといえます。

問題にはすべて、構造や背景、法則性というものがあり、それらを冷静に見極めて解決に向き合うことが大切です。

「～べきだ」に代わる考え方としては、「法則に沿って問題を解決する」「法則に沿って願望を実現する」「コミュニケーションを通じて問題を解決する」「人の心をつかんで協力を得る」といったものになるでしょう。

「〜べきだ」という思考から起こるネガティブな気持ちを置き換えてあげましょう。そのためには、次のような方法が適しています。

例えば、知恵の輪を解くのに熱中していたときの感覚で、その状況に向き合っている自分をイメージしてみましょう。知恵の輪でなくても、ゲーム（ただ、敵をやっつけるなど戦闘的なものは避けます）など簡単に思いどおりにいかないからこそ面白くて夢中になれるものなら何でもいいのです。テトリスに集中しているシーンや、ジグソーパズルのピースをはめているシーンなど……。何でもＯＫです。

次に、そのときの熱中した感覚を思い出してしっかり味わいます。そして、今まで思いどおりにいかなくてイライラしていた場面を思い出して、熱中したときの感覚を重ね合わせます。最初、何か変な感じがするかもしれませんね。

そのイメージが明確にもてたら、時々それを思い出しましょう。イライラしそうになったら、それを思い出す、それを繰り返しているうちにだんだん反応が切り替わっていきます。

潜在意識は、ある場面に対してより肯定的な感情を重ねられると、その場面でより肯定的な感情をもてるようなものの見方、考え方を探してくれます。落ち込んでいるときに、最初は無理にでも笑うと、だんだん気分や考え方が変化していくのと同じような原理です。

セルフワーク◇人の心をつかんで協力を得る

相手が自分の期待に応えてくれないことは往々にしてあります。そんなとき、直接怒りをぶつけたり、イライラしたり、落胆したりしても、状況が改善することはまずありません。相手を自然とその気にさせることができたら、それがベストでしょう。

一つ例をあげましょう。ある学生さんに聞いた話です。

「自分の引っ越しを手伝ってほしい場合にどうするか」という話です。

まず「今度引っ越しするんだ、広くて新しくていい場所なんだ」とうれしそうにいいふらすそうです。そこで、友人たちから「えっ、マジ？　今度遊びに行っていい？」とか、「今度飲みに行っていい？」とか、リアクションを引き出します。

そこで「いいよ。で、さぁ〜、引っ越し手伝ってくれない?」と切り出すのだそうです。これだと、ほとんどYESといってもらえるのだとか。

これは、なかなか巧妙なやり方ですね。でも、いつもこのようにうまくいくとは限りませんし、相手からあなたが望む答えを引き出すためにリードしていくのがむずかしい場合もあると思います。

では、もっと単純に犬や猫のおねだりを考えてみてください。「おさんぽに行きたいの!」「おなかがすいたからゴハンちょーだい!」などと自分が望む要求をストレートに表現します。でも、犬や猫が好きな人なら、期待に応えてあげたくなりますよね。人間にもこのタイプのおねだりが上手にできる人がいます。よく「甘え上手だね」といわれる人です。

このワークのポイントは、やってくれないことに腹を立てるのではなく、やってくれたらうれしいという感情を湧き立たせることです。頼みごとをするときの言葉やムードを変えてみましょう。

例えば、ダンナさんが朝、出勤するときについでにゴミ捨て場にゴミを持っていってもらえるように頼むことを想定しましょう。

最悪なのは、「ゴミぐらい捨ててきてよ」というような言い方です。これは、暗に、「あなたは家の中では役に立っていない。ゴミ捨てという簡単なことぐらいはせめてやってよ！」という意味が含まれます。典型的に、やってくれないことに怒りを秘めているフレーズです。これでは、相手は不承不承従うかもしれませんがやる気になりません。

こういう場合、例えば「ゴミって結構重いのよ。ゴミを捨ててくれたら助かるわ〜」とうれしそうにいうのです。すると、「頼もしがられている。ゴミを捨てることは役に立つことだ。そして喜んでもらえる」というメッセージとして伝わります。

こうしたことを積み重ねると、「相手がやってくれるべきだ」という考え方よりも、「人の心をつかんで協力を得る」という考え方のほうが役に立つということを潜在意識も認識するようになります。

頭で理解しても、言動を変えるのがむずかしい場合もあります。そういう場合には、あらかじめイメージトレーニングを行ってみましょう。

まず、あなたからあなたそっくりの分身が分かれ、目の前にいると想像します。そのあなたの分身が、「人の心をつかんで協力を得ることができる人」と想定します。

そしてその分身が、どういう行動をとり、周囲の人からどういう反応を引き出すかイメージの世界で観察します。あなたのまわりにいる「頼み上手な人」などのイメージを重ねてもよいかもしれません。

最初は、どういう行動をとったのか具体的にはよくわからなくても結構です。とにかくまわりの人から今までと違った反応が引き出されているイメージをします。そのときのあなたの分身が醸し出す雰囲気だけでも感じられればＯＫです。

そして、その分身が戻ってきて、もとのあなたと合体するイメージをした後、実際にあなたがそのように振る舞うイメージをします。こういうイメージトレーニングを繰り返します。

ダンナさんや恋人などに対して、これまでイラッとしていた場面などを使って、新しい反応パターンをつくり出してみましょう。

心細くて守ってほしいと思ったとき、頼りたいのにやせ我慢をしているとき

（オススメベビー……守られたいベビー）

守られたいベビーは、**見捨てられ不安チャイルド**と一緒に残っていることが多いものです。今は、誰かに守ってもらう必要がないのだとしても、心の一部が実際に誰かの保護を必要としていた幼少期のまま時間が止まっているのです。

ひそかに**見捨てられ不安チャイルド**がいる人の中で、「逃げモード」の延長で、見捨てられたり裏切られたりして傷つくよりも、自分のことは自分でやり、人を頼りにしないという考え方で自立心を育ててきた人もいます。こういう人も実は、深い部分には、**守られたいベビー**が潜んでいます。しかし、それをきつく抑圧しているのです。こういう人は、すぐ人に頼りたがる人、甘える人を見るとイラッとします。

人は、自分が抑圧していること、我慢していることを、人がやるのを見ると怒りを覚えます。自分に許していないので人にも許せないのです。

こういう人は、自分の中に**守られたいベビー**がいるということを認めるのは少しむずか

しいかもしれません。しかし、自立心を保ちつつ、人とお互いを支え合う関係を育むという考え方に置き換えたほうが人生の可能性は広がります。

セルフワーク◇幼い自分に会いに行って体験を変える

静かな場所で、深々と座るなど楽な姿勢をとり、軽く目を閉じて、過去の幼くて心細い体験をしていたときのあなたに会いに行くイメージをします。

それは、人に預けられていたときの体験かもしれません。あるいは、迷子になっていたときの体験かもしれません。幼かった頃のあなたに会いに行く道のりは、階段を下りていくイメージかもしれませんし、小道のようなものを通るかもしれません。

ともかく、幼かった頃のあなたの姿が見えてきたら、あいさつして話しかけ、「どうしたの？」などと聞いて話しかけてみましょう。このパターンは、さまざまな心の問題に働きかけるのに応用幅のとても広いものなので、試してみることをおすすめします。

ここでは、具体的な物語を通して説明しましょう。

過去にさかのぼり、癒しや助けを必要としている幼い頃の自分に会いに行くイメージをします。

幼い頃、両親が共働きで、お母さんが仕事に出かけるのを寂しがってごねているあなたの姿が見えてきました。

このイメージの世界では、今のあなたは、幼い頃の自分にとって母親のように寄り添って世話をしてくれる存在、あるいは天使のような存在になりきります。そして、幼い自分の姿を「私」と呼ぶのではなくて、「〇〇ちゃん」など、幼いときに呼ばれていた名前で呼びます。さらに、幼いときの自分の親は、「お母さん」と呼ぶのではなくて、「〇子さん」など名前で呼びます。これは、あくまで客観的に見るためです。

このイメージの世界は、実際の過去そのものではなくて、あなたの心の中に残る心象風景です。この世界では、あなたは万能で、どんなことでもできます。幼い自分のイメージをいかようにも変化させることが可能なのです。

〇〇ちゃんの振る舞いを観察します。すると、「お母さんがいつも自分のそばにいて世話をしてくれるべきだ」という執着があり、そういう思考が前提で、「自分は見捨てられる」とか、「自分は突き放される」といったとらえ方をしていることがわかります。

そこで、○○ちゃんに「どうしたの？」と話しかけ、○○ちゃんの言い分を聞いてあげ、「私が一緒にいて、一緒に遊んだり、お話を聞いてあげるから大丈夫よ」など言葉をかけてあげます。

そして、「別に見捨てられているわけではなく、お母さんがこの場にいなくても、いつも○○ちゃんのことを思っていて、ちゃんと守られているから大丈夫」ということをその子に理解させます。

○○ちゃんを光に包むイメージをして、「私はいつも世話をしてもらえるべきだ」などのインナーベビーの思い込みや、「私は見捨てられる」などインナーチャイルドの思い込みがキャンセルされ、代わりに「その場にいてもいなくてもいつも家族とつながっている。これから家族だけでなくいろいろな人とのつながりを体験できるのが楽しみだ」などの考え方や感じ方に置き換えたと想像します。

これはイメージの世界で、○○ちゃんが安心感をもつように変化するのを観察すればOKです。そして、○○ちゃんに対してしてあげたいことをしてあげます。抱きしめてあげたり、頭をなでてあげたり、一緒に遊んであげたり、絵本を読んであげたり、話を聞いてあげたりします。

その後、時間を巻き戻して、今のあなたが〇〇ちゃんの中に入るイメージをします。そして、今度は今しがたつくったストーリーを、幼い自分の目線で仮想体験します。幼い自分の目線から見ると、先ほどのあなたは、「やさしいお姉さん」か天使のような存在です。

最初、お母さんが仕事に出かけるときに、寂しがってごねますが、入れ替わりに「やさしいお姉さん」が現れて、話しかけてくれて、思い込みの書き換えをしてもらったら、家族とはいつでもつながっていることがわかって寂しくなくなり、これから新しい人とのつながりができるのが楽しみになります。そして、「やさしいお姉さん」が寄り添って、遊んでくれたり、絵本を読んでくれたり、話を聞いてくれたりしています。

そして、幼い頃にこんな体験をしていたら、その後の人生にどんな違いがあったか、駆け足で想像しながら、現在に「移動」していきます。

小学生、中学生、高校生……駆け足で想像すると、実際よりも、もっと自信がもてて、もっと積極的で、もっと友達がたくさんいて、もっと楽しかったなど、何となく違いを感じられればＯＫです。

これは、人間の脳が実体験だけではなくて、仮想体験からも学習できるという原理に基づくワークです。

このようなイメージトレーニングを繰り返すことで、幼少期のまま時間が止まっていた心の一部が動き出します。このセルフワークパターンは、ほかのあらゆるテーマについても応用することができます。

寂しい思いをした過去の情景を思い出そうとしても、寂しいという感情ではなくて、むしろ楽しいという感情が湧くようになるまで繰り返します。ただ、同じ場面ばかりだと飽きてしまうので、違う場面で同じようなパターンを使うほうがよいかもしれません。例えば、次は、迷子になった場面、私だけお留守番だった場面といったぐあいです。

ワークは、幼いときの自分に入ってから駆け足で時間を進めていき、現時点まできたという感じがしたところで区切りとします。そこまでは、完了させてください。時間がないときは、非常に速いスピードで時間を進めてもOKですし、最初は、行動や体験がどう違うかが具体的でなくても、何となく違いが感じられるだけでもOKです（具体的にイメージが湧くのであればそのほうがベターではあります）。

嫌われたり、迷惑がられるのが怖いとき

（オススメベビー……喜ばれたいベビー）

喜ばれたいベビーは、「みんなが自分を喜んでくれるべき」「みんなが自分を大切に思うべき」という思い込みをもっています。幼いときに、それに反するような体験をしたことによって、今度は一転して「私は嫌われ者だ」「私は厄介者だ」などの思い込みを介して**恥と卑下のチャイルド**、「私は嫌われる」「私は拒絶される」などの思い込みを介して、**いじめられ不信チャイルド**を形成します。こういう構造が潜在意識にあることで、必要以上に人の目を気にし、嫌われることや迷惑がられることを恐れ、行動を制限します。

セルフワーク◇「相手の自由」と受け入れてみる

例えば、あなたが誰かにプレゼントを渡したとします。しかし、その相手は、「ふん！」といって、それを受け取らなかったとします。こういう場合、往々にして、自分が拒絶されたとか、自分が何かまずいことをしたらしい、とその状況をネガティブな意味づけで

憤《いきどお》ったり、落胆したり、傷ついたりします。

そのことをまったく違った視点で考えてみましょう。

世の中には、ひねくれていたい人もいます。人の好意を受け取りたくない人もいます。それは、その人の自由です。私たちがとやかくいう筋合いではありません。単純にその人が、「そういう選択をした」というだけで、「仕方がない」ことです。

英語の言い回しに「allow others to be」というのがあります。訳すと、「人が人それぞれであることを許す」となります。相手のとった態度を、自分がどうされたという意味づけをするのではなくて、単に相手がそういう言動を選択した、という見方をして、相手の自由を認めるのです。相手の自由を認めることで、自分がそれにどう反応するかも自由になるのです。

本格的に思考を変える前にまず、この概念をしっかりと理解していただきたいと思います。

そこで、こういうイメージをします。

映画のスクリーンに自分が登場し、誰かにプレゼントを渡す場面です。相手が「ふん！」といって、受け取りを拒否しました。そのとき、冷静に、「ただ相手がそういう態

度を選択しただけだ。それはそれで仕方がない」と受け止めているあなたをイメージしてください。

その体験そのものではなくて、スクリーン上のあなたが獲得した知恵、ものの見方、考え方だけを取り込むイメージをします。そして、実際にそのような考え方をして、これまでの経験を解釈し直してみます。

例えば、子どもの頃に、よかれと思って家事を手伝ったつもりが、余計なことをしたといわれたうえ、お母さんが自分がやったことを全部やり直した。そして、私がやったことを喜んでもらえると思いきや、迷惑がられた、否定されたと解釈していたとします。

これを見直して、「お母さんにはやり方についての自分のこだわりがあったというだけのことで、誰も悪くなかった。気にしなくてＯＫ」と考えてみます。実際に使って役に立つと判定されると、その考え方は潜在意識にも浸透していきます。

このような視点で考えられるようになると、相手の反応にいちいち振り回されなくなります。

セルフワーク◇喜びを分かち合う

喜ばれたいベビーがいる人の中には、潜在意識が「喜びをともにつくり出す」「喜びを分かち合う」という感覚やそれが可能だということを知らないケースが珍しくありません。

その結果、どうなるかといえば、「相手を喜ばせるときには、自分が犠牲にならなければならない」「自分が喜ばせてもらうときには、相手を犠牲にしているので申し訳ない」ということになります。多くの場合、自分がそんな考え方をしているとは気がつかないのですが、とにかく人と一緒にいるとやたら気を使ってしまい疲れる、人づきあいを楽しめないという結果を招きます。

ですから、喜びをともにつくり出す、喜びを分かち合うということを潜在意識に教えてあげる必要があります。

このワークはあなたがイメージしやすいシーンを使ってもらってＯＫです。映画のシーンなどで、一緒にダンスを楽しんでいるシーン、同じ風景を眺めながらそれを一緒に楽しむシーン、ジョークを飛ばしながら、あるいはエスプリの利いた会話を楽しむシーンなどにあなたが入り込んで、自分がそれを楽しんでいるイメージをします。この段階で、あなたが実際にそのように振る舞える気がしなくても大丈夫です。

セルフワーク◇自問自答して心に決める

このワークは、まず、それぞれの思い込みがどういう違った結果をもたらすのかをよく理解して進める必要があります。

例えば、あなたに「私はつねに喜ばれるべきだ」という**喜ばれたいベビー**と、「私は嫌われる」という**いじめられ不信チャイルド**がいたとして、それらがどういう考え方、感じ方、感情、行動をつくり出してきたかを振り返って観察します。そして紙に書き出します。

（例）

みんなに好かれようと無理をする。嫌われるのではないかと気にしすぎる。自分の意見がいえない。誰かの機嫌が悪いといちいち「自分のせい？」と気にする。気を使いすぎて疲れる。だから結局人の輪に入れない……。

それでは、自ずと人と親密になることができず、結局は親しいつきあいを避けるようになってしまう。せっかくのデートさえも心から楽しめない。これでは異性との関係も発展しない……。

次に、「allow others to be（人が人それぞれであることを許す）」と、「喜びをともにつくり出す」「喜びを分かち合う」という考え方では、どう違うかイメージします。

（例）

人の受け止め方は人それぞれなんだから、いちいち気にしなくていい。そんなことよりも誰とどんな喜びをつくり出せるのか、誰とどんな喜びを分かち合えるのかこそが大切だ。そのチャンスはたくさんある。どんどんチャンスをつかもう……。

イメージできたら、「どちらのほうが人生が楽しいか？」「これから先の人生は、どちらを選択したいか？」と自分に問いかけます。

「どちらを選択しますか？」

「後者です」

「変えることは可能ですか？」

「可能です」

「いつ変えますか？」

「今すぐ」

そして、前者のパターンの考え方とそれに関連したネガティブな感情のすべてをみぞおちのあたりに集めるイメージをして、息を吐くと同時に「ハァ〜」と口から吐き出すか、「フンッ」と鼻をかむように鼻から吐き出すイメージをします。

さらに、次に息を吸い込むときに、後者の考え方やそれに関連した喜び、感情が光のシャワーのように降ってきて、呼吸とともに吸い込まれ、頭頂あたりからも体に吸い込まれ、全身を満たすイメージをします。そして、「これからの人生はもっと楽しくなるぞ〜」と思います。

これを3〜5回程度繰り返します。変化を実感できるまで毎日やってもよいでしょう。人は、寝ている間に思考のもとになるデータの整理やニューロン（神経細胞）の組み替えが行われているので、夜寝る前に行うのがベストです。

後者を選択することにＹＥＳと思えない場合は、その理由を考えてみましょう。

「どうせわかっちゃもらえない」という思考が湧くとき

（オススメベビー……理解されたいベビー）

理解されたいベビーは、「私が言葉を使わなくても、気持ちや感情、要求は理解されるべきだ」という欲求をもっています。そして、それにもとる現実を多く体験するために、潜在意識では「理解されることはむずかしい」という思い込みがつくられます。それらが複合した結果つくられる思いは、「どうせわかっちゃもらえない」といったものです。これは、この本ではくわしく取り上げませんでしたが「理解されないチャイルド」です。この**理解されたいベビー**と理解されないチャイルドに最も効果的なのは、「コミュニケーションを通じてわかり合う」という方法です。

セルフワーク◇コミュニケーションの玉を取り込む

「相手はいちいちいわなくても、自分の気持ちや要望を理解するべきだ」というような考え方をもちながら、イライラ、プンプンしているあなたの感情を大げさに沸き立たせます。

その感情が体のどのあたりにある感じがするか感じ取ってみます。そして、そこに左手の手のひらをあてがって、その感情を手のひらの上にのせるイメージをします。感情を擬人化してみてください。そして、その姿をよく見ます。もしかしたら、あなたの幼い頃の姿かもしれませんし、漫画に出てくるキャラクターのような姿かもしれません。このキャラクターにネーミングをします（例えば、プンプンちゃんなど）。

そのキャラクターに対して、やさしく話しかけてあいさつし、「ちょっとお話ししてくれる？」と心の中で語りかけます。そして、「プンプンちゃん、あなたは自分の気持ちや要望をいつも相手にわかってほしいんだよね？」と問いかけます。

ＹＥＳの反応があったら、「そのためにもっと効果的な方法があるとしたら、興味があるかな？」と話しかけます。

さらにＹＥＳの反応があったら、次のステップに進みます（ちゃんと意味が通じていたら必ずＹＥＳの反応をします。はっきりしたＹＥＳでなくても、きょとんとしてこっちを見ている感じでもＯＫです）。

今度は、映画のスクリーンに「コミュニケーションを通じてわかり合う」達人のあなた

をイメージします。

表情や身振り、相手に対する接し方などを想像し、達人のあなたがいろいろな相手とコミュニケーションをとり、相手の話にもよく耳を傾けつつ、自分の気持ちや要望などを相手によく理解してもらう場面を思い浮かべます。一つ一つの会話の内容はぼやけていても大丈夫です。

ストーリーは、最初は、相手が「はぁ？」という反応で、否定的な態度だったのが、相手の話に耳を傾けながらていねいに説明を重ねるうちに、だんだん話がかみ合ってきて、最後には、相手が「ＯＫ」といって、お互いに握手するというような感じで組み立てていきます。

それができたら、あなたは左手のキャラクターに話しかけます。

「今のようなやり方を試してみたい？」

ＹＥＳの反応があった感じがしたら（しなかったら言い分を聞いて解決します）、右手でスクリーンをなぞって、手のひらを上に向けると、そこに「コミュニケーションを通じてわかり合う」ということに関する知恵が詰まった光の玉があるのをイメージします。漫画『ドラゴンボール』の元気玉みたいな光る玉ですね。

そして、左右の手のひらを合わせて、左手の手のひらにのったキャラクターに光る玉を与えます。キャラクターを手で包みながら育てるイメージをして、左右の手のひらを開きます。そこに、先の左手のキャラクターとも光の玉とも違う新しいキャラクターが現れるイメージをします。

その新しいキャラクターに、「あなたは、私のためにどう役立ってくれますか?」とたずねてみます。大まかな筋書きで「あなたのコミュニケーションを助けます」とか、「友達をたくさんつくるのを助けます」といった答えが返ってきた感じ(感じだけで結構です)がして、気に入ったら、それを自分の体に取り込み、体の隅々まで行き渡らせるイメージをします。

セルフワーク◇イメージを使って過去の体験を修正する

これは、またまったく別なワークのやり方です。今直面している問題よりもできるだけ過去の単純な出来事を使って行う簡単なワークです。

例えば、実際に起きた出来事がこんなことだったとします。

小学生の頃、新しくできた友達と遊びに行く約束をしてきました。お母さんに「遊びに行ってもいい？」と聞くと、お母さんは、「宿題はやったの？　先に宿題をやらなきゃダメよ」といいました。それで、あなたは泣きべそをかいてうなだれてしまいました。後でその友達に泣きながら「ごめんなさい、お母さんがダメだっていうから、行けなくなっちゃった」と電話をしました。それから、「お母さんなんか嫌いよ」といってすねていました。その場面をスクリーンで見るように観察します。

実はその出来事が起こる前から、幼いあなたは、「お母さんは、いつでも私の気持ちをわかってくれるべきだ」という考えをもっていて、この出来事から、「お母さんは、私の気持ちをわかってくれない」と思い込んだのかもしれません。

ですから、この「遊びに行ってもいい？」と聞いたときよりも前へと時間を巻き戻して、その出来事が起こる前の幼い自分にイメージの世界で働きかけます。「私の気持ちはいつもわかってもらえるべきだ」という思考を「コミュニケーションを通じてわかり合う」という考え方に置き換え、コミュニケーション能力を授けたとイメージします。

宿題

そしてもう一度「遊びに行ってもいい？」と聞いたときの映像を再生します。すると、例えば物語がこんなふうに変わります。

幼いあなた：「遊びに行ってもいい？」
お母さん：「宿題はやったの？　先に宿題をやらなきゃダメよ」
幼いあなた：「お母さんが、私が宿題をやらないんじゃないかと心配してくれているのはわかるわよ。それなら、帰ってきてからちゃんとやるから安心してね。今度、新しいお友達ができて、一緒に遊ぶ約束をしたの」
お母さん：「それはよかったわね。帰ってから宿題をちゃんとやるって約束できるならいいわよ」
幼いあなた：「うん。じゃあ、行ってくる」

再度、「遊びに行ってもいい？」とたずねるところまで映像を巻き戻し、今のあなたが映像の中に入って、目を閉じて子どもの立場で新しいストーリーを実際に体験しているかのようにイメージします。そのまま時間を早送りにして現時点まで進みます。現時点まできた気がしたら目を開けます。

人に勝てないと思ったとき、物事がうまくいかなくてイヤな気分のとき
（オススメベビー……優越したいベビー・万能でいたいベビー）

優越したいベビーは、つねに自分の優位性にこだわります。一定期間は成長の動機づけにはなるのですが、自分が優位を保てないと投げやりになったり、過度に競争的だったりするため、だんだん問題を招くことになりがちです。

いつも勝てたり、いつも人より優越できるわけではありませんから、結局「私はいつも負ける」とか、「負けるくらいなら最初からやらない」というような思考をつくり、これが**失敗予測チャイルド**になります。あるいは「私はつねに劣っている」という思い込みを介して、**恥と卑下のチャイルド**が生まれます。

万能でいたいベビーは、「自分は万能であり、自分がやることは何でもうまくいくべきだ」といった思考パターンをもっています。これも、一定期間は成長の動機づけになるも

のですが、次第に「～べきだ」という状態からかけ離れた状況が増えると、逆に「自分は無能で出来が悪い」「自分は失敗ばかりしている」といったネガティブな思い込みをつくるようになります。これも**恥と卑下のチャイルド**や**失敗予測チャイルド**になります。

「人よりも優位であるべきだ」「何でもうまくこなさなければならない」というような思考パターンは、次の一歩に集中し、自分の成長を楽しむというような思考に置き換えるといいでしょう。ただし、これらのインナーベビーを変化させたとしても、「もっと優秀になろう」という意欲や、いい意味で競争心をもつといったことは失われないので安心してください。

「～したい」「～でありたい」という意欲をもつことと、「～べき」という思考は別物です。前者は、そうなったときに喜びを感じるというもので、後者は、そうでない状況に対して、怒り、いらだち、不満、落胆、落ち込みなどを引き起こすものです。

これから紹介するワークは、**優越したいベビー**や**万能でいたいベビー**がいない人にも有効なものですので、ぜひやってみてください。

セルフワーク◇加点法と減点法を使い分けて物事を考えてみる

物事の見方、考え方には、加点法と減点法というものがあります。減点法とは、完璧、100点満点から見てどうかという考え方です。一方、加点法とは、今の点数（レベル）を出発点にして、できるようになったこと、わかるようになったことを今の点数にどんどん足していく考え方です。

多くの人は、親からも教師からも、減点法の考え方で育てられている傾向があります。そのため、潜在意識は、減点法の考え方は理解できても、加点法の考え方が理解できない傾向があります。

減点法が間違っているとか、よくないといっているのではありません。減点法の考え方が必要な場面もあります。例えば、セキュリティの管理は、この考え方が必要です。チェックするときも必要です。

もう少しわかりやすくこの二つの考え方の違いを説明しましょう。

ある子どもが、25メートルのプールで泳いで、20メートル地点で足をついたとします。このときに「何だ、25メートルも泳げないのか？」とか、「○○ちゃんは、とっくに50メートル泳げるのにね」といった見方ができます。これは減点法の考え方です。

一方で、「この間泳いだときは、10メートルだったよね？　倍も泳げるようになったじゃない！　この調子なら25メートルも50メートルもきっとすぐだよ！」といった見方もできます。これが加点法の考え方です。

皆さんがこの子どもの立場だったら、どちらの対応でやる気が湧きますか？　水泳が好きになりますか？

物事を確実に仕上げるという場合には、減点法が役に立ちますが、チャレンジに該当することは、加点法の考え方が必要になります。

トーマス・エジソンは、1個の電球を灯すのに成功するまで、1万回失敗したといわれます。そこである人が、「1万回も失敗したなんて、大変でしたね？」と聞いたら、当のエジソンは、「いいえ、私は失敗などしていませんよ。1万通りのうまくいかない方法を発見しただけです」と答えたといいます。

うまくいかなくても、データと経験値が蓄積されただけ前進している、こういうものの見方、考え方がエジソンを発明王たらしめたともいえるでしょう。

日本語では、うまくいかないことを表すのに、「失敗」のほか、より前向きな表現で

「試行錯誤」という言い方があります。英語の表現では、「mistake」に対して「trial and error」という表現があります。

あなたは子ども時代にテストで悪い点数（例えば30点）をとって、それを親に見せられなくて隠した経験はないですか？　そのときのあなたが今目の前にいたとして、加点法の考えに基づいたら、どのように接することができるでしょうか。

これから紹介するのは、このようなケースのとき、加点法で考えるクセをつけるワークです。あくまで、例示なので、あなたが納得するやり方で進めてもらってＯＫです。

軽く目を閉じて、子どもの頃の自分に会いに行くというイメージをします。

まず、30点のテストを隠している幼い頃のあなたにあいさつして話しかけます。「テストの点のことは知っているよ。怒ったりバカにしたり決してしないから、正直に出してごらん」といいます。

さらに、「何はともあれ、30点分はできたんだから、残り70点分だって、やれば必ずできるようになるよ。70点分わからないことが見つかったんだから、今それをわかるように

30＋70
＝100点

しておけば、次はきっといい点がとれるよ」といったぐあいに励まします。

できれば、復習にもおつきあいしてあげましょう。そして、同じ問題でもう1回問題を解かせてみて、「ほ～ら、今度は100点。テストの前にやっておけばこれだけとれたんだよ。次のテストでは、テストの前に勉強しようね」と励ます、というようなストーリーをリアルに描きます。


次に、もう一度時間を巻き戻して、その頃のあなたの中に入るイメージをし、幼い自分の目線からこのストーリーを仮想体験します。

その子から見ると何十年後かのあなた自身がよき父や母、兄姉あるいは先生のように付き添ってくれており、今描いたストーリーのように接してくれます。

その後は、このような接し方をされたことによって得られたものの見方、考え方を身につけていたとしたら、今日に至るまでの自分の人生は、どういう違いがあったかをイメージしながら現時点まで戻ってきます。

このワークは、まず加点法という考え方をより明確に浸透させるのが目的です。

セルフワーク◇初めて何かを達成したときの感覚を思い出す

あなたは、初めて自転車に乗れたときや、逆上がりができたときのことを思い出せますか？　初めて「できた‼」という達成感を味わったときのことです。さらに、そのとき、どんな景色を見ていましたか？　どんな声や音を聞いていましたか？　体のどのへんにどんな感覚を味わいましたか？　その感覚をリアルに思い出してみることもワークへとつながります。


私が初めて自転車に乗れたときのことを例として紹介しておきましょう。

広い河川敷のグラウンドで、父と兄が付き添ってくれて、自転車から補助車輪が外されました。最初は、父が自転車のうしろを手で支えて走ってくれましたが、そのうち手が離されました。自転車は安定したまま、こぐにつれてスピードを上げながら走っています。

そのとき、「乗れた、乗れたんだ」と心の中で叫びました。心臓がドキドキしています。

父は、「そのままグラウンドを1周してごらん」といいました。

1周してくると、兄が駆け寄ってきて、「もう1周走ってお父さんを驚かせような」といったので、調子に乗ってもう1周走りました。空は澄んで青く、初夏の清々しい風を感

じていました。

そして、ひとたび自転車が乗れるようになると、行動範囲が急に広くなり、いろいろな新しい場所に自分の力で行く冒険の日々が始まりました。


このように感動やワクワク感をリアルに蘇《よみがえ》らせてみてください。その感覚をいつも感じながら生きられたらどんな感じがするか、これまでできなかったことができるようになった瞬間の感じ、自分の可能性が飛躍的に広がるときの感じをいつも感じながら生きていようと決めれば、そういう現実を引き寄せることができます。

この概念を私は、「喜びとともに成長する」という言葉で言い表していますが、もっとお気に入りの言葉があれば別な言葉でも結構です。加点法の考え方に加えてこの感覚を思い出せる簡単なフレーズや視覚イメージ、ポーズなどを決めてみましょう。例えば、太陽がサンサンと輝く下で、「やった〜」でガッツポーズ、というぐあいに。

セルフワーク◇自問自答して心に決める

このテーマも、１９８ページで先述した「自問自答して心に決める」パターンで仕上げをしましょう。

まず、例えば、あなたに「私はつねに優越すべきだ」という**優越したいベビー**と、「私は何でもできるべきだ」という**万能でいたいベビー**がいて、そのうえで「私は失敗する」「私は無能で出来が悪い」という**失敗予測チャイルド**や**恥と卑下のチャイルド**がいた場合、その子たちがどういう考え方、感じ方、感情、行動をつくり出してきたかを振り返って観察します。できれば文字で書き出します。

（例）

うまくいかないとすぐに自分がダメだと思う。すぐに人と自分を比較して自分は劣っていると考える。確実にできそうなこと以外は、失敗するのが怖いから結局やらない。いろいろなスキルを身につけようと手を出すものの、すぐにうまく使えなかったり、自分より優れた人が世の中にいくらでもいるということが見えてくると、だんだんやる気をなくして結局どれも中途半端で終わってしまう……。

次に、「加点法で考える」と「喜びとともに成長する」という考え方では、どう違うかイメージします。

（例）

世の中で「成功者」といわれる人たちは、失敗しなかった人々ではない。むしろたくさん失敗して、それから学んで乗り越えた人たちだ。人との比較ではなくて、自分の次の一歩に集中し続けた人たちだ。今はうまくできないことがあっても、この考え方を続けさえすれば、必ずうまくいくようになる。できないことを気にするよりも、できたこと、進歩したことを喜びながら、次の一歩を考えよう。

二つの考え方が浮かんだところで、「どちらのほうが人生が楽しいか？」「これから先の人生は、どちらを選択したいか？」と自分に問いかけます。

「どちらを選択しますか？」

「後者です」

「変えることは可能ですか？」

「可能です」

「いつ変えますか?」
「今すぐ」
そして、前者のパターンの考え方とそれに関連したネガティブな感情のすべてをみぞおちのあたりに集めるイメージをして、息を吐くと同時に「ハァ〜」と口から吐き出すか、「フンッ」と鼻をかむように鼻から吐き出すイメージをします。

さらに、次に息を吸い込むときに、後者の考え方やそれに関連した喜び、感情が光のシャワーのように降ってきて、呼吸とともに吸い込まれ、頭頂あたりからも体に吸い込まれ、全身を満たすイメージをします。そして、「これからの人生はもっと楽しくなるぞ〜」と思います。

これを3〜5回程度繰り返します。変化を実感できるまで毎日やってもよいでしょう。人は、寝ている間に思考のもとになるデータの整理やニューロン(神経細胞)の組み替えが行われているので、夜寝る前に行うのがベストです。

認められなくてムカつくとき、がっかりしているとき（オススメベビー……ほめられたいベビー）

人間には「承認欲求」というものがありますから、そう思うこと自体は自然なことで、悪いことではありません。まず、自分が認められたい、ほめられたいという欲求をもっていることは、認めてしまいましょう。

ただし、**ほめられたいベビー**の「認めてもらえるべきだ」「ほめられるべきだ」などの思い込みは、これとは別物です。少し重複になりますが、ここは重要なのでセルフワークを紹介する前にもう一度説明します。

認められたり、ほめられたりするとうれしいというのは自然なことですが、そうならなかったからといって、怒りや落胆、場合によっては恨みを抱くのは、「〜べきだ」という内容の**ほめられたいベビー**の考え方です。

「ほめられるべき」「認められるべき」という思考パターンから見ると、ほめられない、認められないということはおかしいことで、自分が不当に扱われたか、自分に欠陥があるかのいずれかだということになります。

ましてや、非難される、否定される、無視されるなどもってのほかで、すぐにネガティブな思い込みのもとになります。

したがって、**ほめられたいベビー**から、「私は無価値だ」「私は出来損ないだ」などの思い込みを介して、**恥と卑下のチャイルド**、あるいは、「私はつねに否定される」「私はがんばっても無視される」などの思い込みを介して、**いじめられ不信チャイルド**が生まれてきます。

前にも述べましたが、日本人の親たちは、あまりほめずに、怒るばかりの傾向がありま す。この傾向は世代間で連鎖します。そのためか、このインナーベビーは、大人になってもかなり残っているのが一般的です。

特に若いときに、「こんなにがんばっているのに認めてもらえない」と怒りを感じていたことはないですか？　人に自分を認めさせたくて、とがっていた時期はないですか？

振り返ってみて、「あのとき誰かが認めたりほめたりしてくれていたら」と思う場面はありませんか？

セルフワーク◇過去の自分をほめ、思考を変更する

加点法のところでも登場しました、過去の自分に会いに行くワークです。ほめてほしかったとき、認めてもらいたかったときへとさかのぼり、そこで過去の自分をほめたり承認を与えたりした後、過去の自分の目線になって違う角度からそれを体験します。

このワークに関しては、子ども時代でワークしてもいいですが、大人になってからの過去の自分でワークしても結構です。

例えば、私は20～30代の頃は、サラリーマンで営業職に就いていました。

不況下でも自分が担当しているエリアの売り上げを前年比１１５～１２５％伸ばし、担当地区が変わっても同様の業績を上げていました。そして、どういう活動を通じて業績を伸ばしたかを記録し、それを踏まえた政策提案文書を事業本部に送ったことがあります。

しかし、その提案書は無視され、その後、いわゆる辺境部署に送られることになりました。左遷ですね。

今から思えば、業績や分析、提案内容自体はよかったと思うのですが、文章の書き方が

いかにもとがっていて、生意気で受け入れられがたいものだったと思います。

なぜなら、その当時の私は上層部に怒りを感じていましたし、認められることに飢えていたからです。

私自身は、その当時の自分に会いに行って、話をするという想定でセルフワークをしたことがあります。何しろ、自分なのですから、その当時の気持ちなどはよくわかります。

そして、当時の自分の気持ちに理解を示しながら承認を与えると同時に忠告も与えました。

「君の仕事ぶりは、多くの人が知っているし、内心では認めているよ。でもね、あまりに認められたい、認めないのは頭にくるというエネルギーを発散させているから、逆に認めたくなくなるんだよ。それを手放して、自分が成長できることは楽しい、そして自分の仕事の成果がみんなの役に立つとうれしい、そういう気持ちで取り組むといいよ」と。

そして、**ほめられたいベビー**、**いじめられ不信チャイルド**と**恥と卑下のチャイルド**をキャンセルし、「喜びとともに成長する」「貢献する喜び」「自己承認する」ということを教えるイメージをしました。

その後、その当時の自分の中に入って立場を変えて、20年後の自分と話をする体験を味わいました。さらにその後のストーリーを想像しました。

そのとき、「いや〜、20〜30代頃に、こんな大人がいてくれたらずいぶん人生が違っていたんじゃないかな」と本当に思いました。

私はこのワークを行った後、あらためて実際に、提案文書を書くイメージをしてみたのですが、趣旨やもとのデータは同じでも全然違うものになりました。心から「この会社の発展のために役立ちたい」という熱意や愛情が伝わるような文章になったのです。これだったら、受け取られ方も全然違っていただろうなと思いました。

未来を変えるイメージトレーニング

あなたも振り返ってみて、「あの頃に、心から自分を理解し、励まし、承認を与えてくれる人がいたら、人生が違っていたかもしれない」という局面があることと思います。

過去は変えられませんが、人間の脳は仮想体験からも現実と同様に学習できる機能をもっています。だからこそイメージトレーニングというのは成り立つのです。「あのときに、こんな人がいてくれたら……」という思いがあるのなら、過去の自分に会いに行って、現在のあなたがその役になりきってやればいいのです。

その後、少し時間をさかのぼって、今度は過去の自分の中に入って、それを仮想体験すればいいのです。すると、それ以降の人生の展開が違うストーリーになったりしますが、それも仮想体験します。脳はそれからも学習するのです。

さて、ここまでのワークは、楽しんでいただけたでしょうか。少しむずかしく感じるものや、変化に抵抗感を感じるもの、やってみたけれど変化が感じられないものもあったと思います。それは、今はまだ変えるタイミングではないということもあり得るので、がっかりする必要はありません。インナーベビーやインナーチャイルドが今現時点でも役立っているのですぐには変更できないという場合もあるのです。特に次の3つのケースにそれが当てはまります。

①**ほめられたいベビー**と**恥と卑下のチャイルド**の「しゃかりきモード」が、「こんなんじゃダメだ、まだまだだ」とばかりに強力にやる気のみなもとになっていて、実際にそれ

が仕事などに役立っている場合。特に高いレベルの仕事を目指すときには役立ちます。

②**ほめられたいベビーといじめられ不信チャイルド**の「しゃかりきモード」が、「くやしい、見返してやる」とばかりに強力にやる気のみなもとになっていて、実際にそれが仕事などに役立っている場合。特にライバルとの戦いを通じて成長する途上では役立ちます。

③**守られたいベビーと見捨てられ不安チャイルド**の「しゃかりきモード」が、特定の相手（個人の場合もありますし、会社などの場合もあります。後者の場合でも特定の上司などを意識している場合が多いものです）の期待に応え続けようとがんばることが実際に仕事や人間関係に役立っている場合。

こうしたがんばりが能力を高めたり、才能を開花させるのに役立つ場合はたくさんあります。そして、今すぐそれを変えることができない場合もあります。

ただし、そのようなパターンを保持するということは、これからの人生においても似たパターンを繰り返すということになります。

①のパターンでは、つねに高い水準を求められて、その基準から見ると自分はまだまだだというパターンを繰り返すことになります。

②のパターンでは、つねにライバルや、攻撃してくるような人間が繰り返し現れ、いつも戦い続けることになります。

③のパターンでは、かたちや状況を変えても、自己犠牲と奉仕を求める状況や人物に遭遇し続けます。

「今は、そういうパターンを通じて成長する段階にある」と思えるのであれば、それも悪くはありません。そして、それを自覚したうえで、いつかは卒業するときがくるということを理解しただけで、あなたは多少なりとも気持ちが楽になり、そのプロセスをよりよくコントロールできることになるでしょう。

「もう、卒業したい」と思っているのに、それを変えると意欲がなくなって自分がダメになってしまうのではないかといった恐れのために変化へ踏み切れない人もいます。そういう人は、まず次の章の「魂《たましい》」の話を読んで、魂に関するワークを行ったうえで、再チャレンジされることをおすすめします。

体験談

潜在意識や深層心理の面白さに目覚めてしまいました！

仲本真弓さん　40代前半・女性

私は、いつもモヤモヤとした感じで毎日どこかに不安を抱えて生きていました。

どんな仕事に就いても長くて3年くらいしか続かず、短いときは半年くらいで辞めていました。いつもよくわからない不安を抱えていたので、逃げるように仕事を辞めて、働きたくないと思いながらも生活のために次の職に就くということを繰り返していました。

今思うと、仕事上で特に問題を起こすわけではなかったのですが、いつも自分で自分にダメ出しをしていました。「いつか絶対に仕事で失敗するだろう」とか「上司や会社の期待に応えられずに失望されるのではないか」と思っていて、「自分には実力がないことがバレないうちに辞めなきゃ」というインナーボイスがいつも聞こえていた感じでした。

また、会社での人間関係も嫌われるのがとても怖かったので、自分の意見や感情の大部分を抑え込んで、できるだけほかの人の期待に沿うように振る舞っていました。本心からのつきあいではない浅い表面上の無難な疲れる人間関係でした。

ですから、人と一緒にいることがどんどん苦しくなっていき、人と会うことがとてもイヤで怖くなっていたので、休みの日はいつも部屋に引きこもっていました。

なんだか世界中からの攻撃を怖がっているような日々で、毎日手足がもぎ取られる悪夢にうなされていました。

自分が何をしたいのか、何が楽しいのか、生きている意味が全然わからなくて、自分がすごく価値のない役に立たない人間のような気がしていたのです。自分に失望して、人生に失望して、何もできない、私は価値がない……未来への恐怖に押しつぶされそうでした。

「何とかしなきゃ」という焦りはとてもあったので、本を読んだり、ネットで検索したりいろいろと改善策を探していました。その中で鈴木先生のことを知り、「もしかしたら現状をどうにかできるかもしれない」という予感があり、個人セッションを受けることにしました。

個人セッションを受けた後、まず一番の悩みの種だった悪夢を見なくなりました。そして、セッションを受けるごとになんだか心の奥の奥がとても明るくなり、気楽になっていくのがわかりました。いつも感じていた不安も少しずつですが減っていきました。

セッションを受けるまでは、世間や流行や友達、親に認められるようなものを自分でもいいものだと思っていました。自分以外の人やものの価値観で生きていました。

それが徐々にですが自分の価値観で生きられるようになってきています。イヤなことを断わることができるようになり、「みんなに好かれなくてもいいんだ」と自然に思えるようになったり、自分の気持ちを大事にしようと思えるようになったりしました。

今では悲観的に考えることが少なくなり、リスクをちゃんと考えつつも楽観的でいられるようになっています。自分が本当にやりたいこととそうでないことがはっきりとわかるようになったのです。

考え方が変わったことで、まず仕事との向き合い方が変わりました。いい話がいろいろと不思議な流れで入ってくるようになり、収入も増えました。欲しいと思ったものが以前と比べて簡単に手に入るようになり、シンクロニシティ（筆者註：意味ある偶然の一致）がものすごく増えてタイミングがよくなったのです。

自分の変わり様に手ごたえを感じたので、自分が受けたセッションの技術を習得してまだまだ残っている自分の悩みを自分で解決したいと思い、セミナーを受講しました。

私にとって、ものすごく効果的だったのは、インナーベビーのワークです。このワークは私にとって驚異的なスピードで大きな効果を出してくれました。自分でもセルフワークをしているうちに、怒ることやイライラすることが劇的に少なくなり、心が穏やかになりました。人間関係で快適に過ごせるようになりました。

どういうメカニズムで怒りが起きるのか理解できたことで、自分や他人に対する不満もずいぶんと減りました。怒りがなくなるというわけではないのですが、コントロールしやすくなり、怒りを感じていたとしても冷静さを保ち、バランスがとれるようになったのです。

人間関係にも変化が現れてきました。自分の意見や感情を大事にすることができるようになったことで、むしろ他人の気持ちも尊重できるようになったと思います。深く人とかかわりをもったとしても楽に関係を続けられるようになりました。

さらに、まわりに助けてくれる人が増えた感じがします。予期しないタイミングでうれしいことが起きたり、欲しいものが手に入ったりするようになったからです。

以前は、この世界は怖くて危険なところだと感じていたのに、今はサポートされている、導かれているような感じに変化しています。とても安心してワクワクして過ごせる時間が増えて、人生に対する期待を取り戻した感じです。

そして、自分が本当にやりたいことや、自分が何を楽しいと感じるのか、よりはっきりとわかるようになってきています。

そして今では、セルフワークだけでなく、まわりの人にセッションをする機会も増えてきました。企業の中でグループセッションを行うケースまで出てきています。今は鈴木先生の下で学んだプログラムを中心とした、個人セッションや企業の中でのグループセッション等が私のライフワークなのではないかと思い始めています。これからもこのプログラムを使って自分の可能性をどんどん広げて、さらに限界を突破していきたいです！

第5章

もうひとつの視点から「幸せ」を考えてみる

一霊四魂とは

この章では、インナーチャイルドやインナーベビーよりもさらに心の深いところにあるもの、「魂《たましい》」についてお話ししたいと思います。

魂というと、精神世界の話になるのかと思われるかもしれませんが、しかし、ここでいう魂は、精神世界などでいわれる魂とは少し違うかもしれません。なぜなら、ここでいう魂は、あなたが自分で確かに自分の中にあると確認できるものだからです。

私たちの思考に先立つ意欲や動機は、頭で考えてつくり出しているわけではなく、思考以前の、もっと深いところから湧き出ている欲求に基づいています。その「もっと深いところ」を魂と考えてみてください。ここでいう魂とは、よりよく生きようとする意志でありエネルギーのみなもとであると解釈していいと思います。

そして、根源的な喜びと意欲を生み出してくれるものです。その喜びを求めて日々私たちは生きているといっていいでしょう。

古神道《こしんとう》で伝えられる考え方に「一霊四魂《いちれいしこん》」というものがあります。これは人間の魂には**荒魂《あらみたま》、幸魂《さちみたま》、和魂《にぎみたま》、奇魂《くしみたま》**という４つの魂の性質があり、それらを統轄するのが直魂《なおひ》であるというものです。現代語では各々「勇《ゆう》の魂」「愛《あい》の魂」「親《しん》の魂」「智《ち》の魂」ともいいます。

人間は誰でもこの４つの魂の性質をもっていますが、どの魂の性質が強く働いているかによって人それぞれの性質に違いが出てきます。この魂の特性の違いが、人間同士の相性やコミュニケーション・ギャップに深くかかわっています。

魂とは、深いところから意欲、欲求と喜びをもたらす源泉です。そして魂は、思考ではありません。感覚的なものを生み出すもとです。

人によっては、４つの性質を比較的まんべんなくもっている人もいれば、特定の魂の性質が突出している人もいます。これも善し悪しではなくて、その人の個性です。ただ、特定の魂の性質が突出している人は、理解者に恵まれないと適応にむずかしさを感じる場合が多く、ネガティブな自己イメージをもってしまうことが多いのは確かです。

魂が未熟なうちには、魂の性質同士で葛藤を生じることもあります。しかし、魂が発達、成熟すればするほど、お互いに連携を求めるようになります。

顕著な例は、**荒魂**と**和魂**、**幸魂**と**奇魂**の関係に見られます。

荒魂は、チャレンジし、具現化し、前進する性質ですが、未熟なときには、スタンドプレーヤーやトラブルメーカーになりやすいのは確かです。この性質と真反対なのが**和魂**で、調和、秩序、平和を求めます。

けれども、**荒魂**が発達して、より大きな志を抱くと、チームとして人をまとめる力も必要となりますので、**和魂**を必要とするようになります。逆に、**和魂**も発達すれば、より大きな調和、秩序、平和のためのリーダーシップが必要になり、**荒魂**を必要とするようになります。

この、**荒魂**と**和魂**がともに発達し連携した状態を厳霊《いつくたま》といいます。

幸魂は、愛情と絆を求める性質です。理屈よりも情を優先します。これと真反対の性質をもつのが**奇魂**で、情よりも論理的な正しさを求めます。

しかし、**幸魂**が発達して、本当にたくさんの人を助けたいとなると、洞察力や方法が必要になり、**奇魂**の性質を必要とするようになります。逆に**奇魂**が発達すると、法則性への洞察を通じて、この世界を動かしているのは論理だけではないと悟り、また叡智は自己目的ではなくて、奉仕すべき対象を求めるために、**幸魂**を必要とするようになります。

この、**幸魂**と**奇魂**がともに発達して連携した状態を瑞霊《みずみたま》といいます。

ですから、どの魂の性質も、本当に発達させようとしたら、結局はすべての魂を発達させることになるのです。最終的にすべての魂の性質が発達し、統合された状態を伊都能売《いずめの》御魂《みたま》といいます。

4つの魂の性質

4つの魂の性質を端的に表すと242ページのようになります。あなたはどの魂の性質が最も強いでしょうか。

四《し》魂《こん》の性質

荒魂（あらみたま）

チャレンジする　冒険する　達成する　成功する　仕切る　所有する　入手する　実現する

リーダーシップを発揮したり、起業・創業したり、新しいものをつくり出したり、改革を成し遂げたり、記録に挑んだりする人は、この荒魂の性質が強いといえます。

幸魂（さちみたま）

愛する　愛を求める　甘える　絆を求める　心を通わせる　可愛がる　世話をする　いたわる

愛情深く、面倒見がよく、人との絆を重んじ、人の心の痛みを深く理解し、人を助けようとする人は、この幸魂の性質が強いといえます。

和魂（にぎみたま）

調和する　場の空気を読む　仲間を求める　話し合う　合意する　連携する　協力する　平和を求める

全体のことを考え、調和を図り、秩序や平和を守ろうとし、争いをなくそうとし、公平さを求め、仲間の和を大切にする人は、この和魂の性質が強いといえます。

奇魂（くしみたま）

真理や美を探究する　工夫する　考察する　観察する　意見を述べる　筋道を立てる　進歩を求める

「なぜ？」「どうして？」と問いを発し、もっと知ろうとし、もっとわかろうとし、もっと工夫をしようとし、あるいは美を追究する人は、この奇魂の性質が強いといえます。

魂を抑圧するさまざまな思い込み

魂は成長し続けます。そして、どの魂の性質も鍛えて発達させることができます。すべての性質を鍛えて発達させることが理想ですが、その人の固有の生きる意味、固有の役割（ミッション）は、最も強くもち合わせた性質に密接に関係するといわれます。

これらの性質の中で、どれがよくてどれが悪い、どれが優れていてどれが劣っているということはありません。魂の性質には、エゴはなく、どれも自然であるとともに、よりよく生きようとする力の本源であり、それぞれにすばらしいものであると思ってください。

ただし、多くの人は、魂の欲求を抑圧しながら生きています。そして、インナーベビーやインナーチャイルドがつくり出す思い込みや、社会的に刷り込まれた思考に翻弄《ほんろう》されて生きています。

人には、生き生きして感情表現が豊かで存在感の大きな人と、無気力、無感動で感情表現が乏しく存在感が希薄な人がいます。

あなたは、このような違いがなぜ生まれてくるのか、疑問に思ったことはないですか？
実はこの違いは、魂からの欲求や喜びが外にあふれているか、逆に、抑圧されているかという違いに関係があります。

魂を抑圧していると、いつもモヤモヤ感があり、喜びや意欲が乏しく、どこか本当の自分を生きていないような違和感を抱きながら生きることになります。

ではなぜ、魂を抑圧しているのでしょうか。それはまだ幼かった頃に、魂の性質が未熟な片鱗《へんりん》として現れたときに、それがどのように扱われたかに関係があります。

また、魂の性質がまだ未熟なかたちで現れたときには、インナーベビーと入り交じっていて区別がつきにくいものです。このことは、特に**荒魂**《あらみたま》と**幸魂**《さちみたま》に当てはまります。

例えば、**荒魂**のチャレンジや冒険をしたい性質は、**要求するベビー**、**優越したいベビー**、**万能でいたいベビー**などと入り交じって、わがまま、いたずら好き、わんぱく（女性の場合には、おてんば、じゃじゃ馬）となって現れやすいのです。

それが、叱られたりする原因になることで、**荒魂**の性質自体が悪いものだと思い込んだり、**荒魂**の性質を出すと、怒られたり、非難されたり、嫌われたり、迷惑をかけたり、拒絶されたりするという思い込みができます。こうした思い込みも、インナーチャイルドに含まれていきます。

幸魂の愛情やつながりを求める性質は、**守られたいベビー**、**喜ばれたいベビー**、**理解されたいベビー**、**独占したいベビー**などと入り交じって、甘えたがる、かまってもらいたがる、話をたくさん聞いてほしがる、母親を独り占めしたがるなどの現れ方をします。

それが、特に忙しい親を困らせた結果、**幸魂**の性質自体が悪いものだと思い込んだり、**幸魂**の性質を出すと、拒絶されたり、うっとうしがられたり、嫌われたり、迷惑をかけたりするという思い込みができます。こうした思い込みも、インナーチャイルドに含まれていきます。

奇魂《くしみたま》の性質は、幼いときには、絵を描いたり、本を読んだり一人遊びを楽しんだりする傾向となって現れますが、それらが否定的に扱われることはまずありません。むしろもう少し成長した段階で、口が達者になったときに、「生意気」「反抗的」という扱いを受けたり、奇抜な発想をすることが「変わり者」扱いされたり、集団行動が苦手なことが「とろい」という扱いを受けることなどがマイナスの自己イメージとなり、魂の抑圧につながる場合があります。

和魂《にぎみたま》の性質は、聞き分けがよく、場の空気を読み、争いを嫌うので、この性質が否定的に扱われることはまずほとんどありません。それでも、せっかく友達ができて家につれてきたら親にイヤな顔をされたとか、「あんな子とはつきあってはいけません」と交遊を禁止されるなどによって、幅広く友人をつくりたがる性質が責められたと思い違いをして抑圧することはあり得ます。

例えば、ここまでのワークで、「私は嫌われ者だ」という思い込みを解消していたとしても、「私の荒魂は嫌われる性質だ」などの思考パターンがあれば、**荒魂**の性質を抑圧して隠して生きることになり、そうである限りは嫌われ者にならずにすむと信じている状態なら自己肯定感が高まってはきません。本当はチャレンジがしたい欲求をもっているのに圧し殺した状態にあるからです。

「私はつねに拒絶される」という思い込みを解消していたとしても、「私の幸魂の性質は拒絶される」などの思考パターンがあれば、**幸魂**の性質を抑圧して隠して生きることになり、そうである限りは拒絶されないですむと信じている状態ならば、人と親密な関係を育てることができず、いつも空虚な感覚を抱くことになります。本当は人と愛情で結ばれたい欲求をもっているのに圧し殺した状態にあるからです。

魂の欲求を抑圧し、ゆがんだ発達をすると……

自分は、どの魂の性質が強いのだろうと考えたときに、どれもピンとこない人もいます。ごく幼いときには、おてんば、わんぱくで**荒魂**《あらみたま》が強かったようだけれど、いつしか性格が変わって大人しくなったという人もいます。ごく幼いときには甘えん坊といわれ、**幸**《さち》**魂**《みたま》が強かったようだけれど、いつしか性格が変わり、むしろクールになったという変遷が見られる場合、魂を抑圧している可能性が高いのです。

特に、**荒魂**を抑圧して**和魂**《にぎみたま》を発達させるパターンと、**幸魂**を抑圧して**奇魂**《くしみたま》を発達させるパターンが多く見られます。このようなパターンでは、前者で**和魂**、後者で**奇魂**を発達させたこと自体は悪いことではないのですが、もともと強くもっていた魂の性質を抑圧したままでは、本当に生きる活力は湧いてきません。

幸魂を抑圧して**奇魂**を発達させた経緯のある女性には、独特の恋愛破局パターンも見られます。

例えば、交際相手となかなか連絡がつかないなど、「自分は大事に思われていないのではないか？」という不満が溜まっていてやっと会えたその日。本来なら、「なかなか会えなくて寂しかった」など自分の気持ちを表現すれば、相手も「ごめん、埋め合わせはするから」といったぐあいに会話が進んだであろうそのタイミングにそれができないのです。代わりに、「あなたはおかしい、間違っている」と批判し出すのです。本来は、愛情問題であることを、正しい正しくないの問題にしてしまうのです。こうなると、相手は、自分を自己弁護し反論することになります。結局、論争には勝ちました、関係は終わりましたという結末になることが多いのです。

このように、魂の抑圧があると、本当に望んでいることを実現する力が大幅に損なわれるうえに、意欲や喜びの感覚も乏しくなり、さまざまなゆがみをもたらします。

魂を抑圧する思い込みは、「私の○魂は、○○だ」または、「私の○魂は、○○される」といった構文で表すことができて、それらもインナーチャイルドに含まれています。

次のページから、四魂《しこん》の性質や特徴をさらにくわしく解説しますので、あなたは、自分がどの魂の性質を強くもち合わせているのかということだけではなくて、どの魂の性質を抑圧しているのか、どういう思い込みで抑圧しているのかを見つけていただきたいと思います。

荒《あら》魂《みたま》が強い人

魂の性質が未熟だった頃（子どもの頃）

・わんぱく、おてんば、きかん坊だった。

・女の子でも男の子みたいな遊びが好きだった、男の子とよく遊んだ。

・赤ちゃんの時期には、元気でハイハイし、いろいろなものをいじりまわした。

・要求が通らないと激しく泣き、親を手こずらせた。

・木や塀に登ったり、危険な遊びをするのが好きだった。

・けんかっ早く、相手の子を泣かした。

・欲しいものがあると、買ってもらえるまで頑として動かなかった。それでいて、買い与えられると、それにはすぐに飽きて、また新しいものを欲しがった。

・いたずら好きで、禁止されたことに限ってやりたがった。

・よくひどく叱られ、「悪い子」と思われることが多かった。

魂が発達すると……

・さまざまな課題に挑戦し、目標達成に向かってがんばる。
・リーダーシップを発揮する。
・事業を大きく押し広げる（創業社長になる人が多い）。
・大きなことを成し遂げる。
・人がやらないようなことにチャレンジする。

魂のワーク

荒魂の性質は、子どもの頃には、最も親に怒られる原因をつくりやすいのですが、めげにくくもあるので、幸魂に続いて2番目に抑圧が多い魂の性質です。ただ、日本では、この性質の強い女の子が「おてんば」「じゃじゃ馬」など否定的にとらえられ、きつく抑圧されているケースもあります。

もし、子ども時代の自分に「悪い子」「迷惑ばかりかける子」「厄介者」などのマイナスイメージをもっているようでしたら、自分のことを「生まれつきのチャレンジャー」などに意味づけ直してみてください。

例えば、いたずらをして怒られたのに、またすぐいたずらをして、今度は家から放り出されたという体験があったとします。

これを例えば、「チャレンジをして逆境にあったが、それにくじけずにまたチャレンジをした、私ってすごいチャレンジャーだ」と考えてみます。

また、欲しいものをねだって、地べたに張りついていたら、お母さんにおいていかれた、という体験があったとします。この体験は、「目標を決めたら不退転の決意で臨む資質を子どもの頃からもっていたな」と置き換えてみましょう。

また、お友達まで誘って、立ち入り禁止の場所に立ち入って、その「主犯格」として怒られ、おまけに近所でも評判になってしまったという体験を「チームを率いる小さな冒険家として名を馳せたな」と意味づけしてみます。

思わず、笑ってしまうようなタイトルがいいと思います。もともとは、こうした体験はトラウマになっており、思い出すと苦痛や恥ずかしいという感情が起こるかもしれませんが、ものの見方を変えて、「あっぱれ！」という感情に切り替えてしまいます。

そして、それぞれのタイトルにふさわしい行動を大人となったあなたが、今やるとするとどういう行動になるでしょうか？　間違っても、子どもの頃と同じような行動にはならないはずです。社会的に建設的で価値のある内容のものになるはずです。

このように意味づけし直すことで、自己肯定感が高まった気がしたらＯＫです。魂を抑圧から解放し、そのパワーを発揮する準備ができたということになります。

荒魂を抑圧する思考パターンには、次のようなものがあります。

「私の荒魂の性質は、～」に続いて、「悪いものだ」「危険なものだ」「わがままだ」「攻撃される」「非難される」「怒られる」「迷惑をかける」など。

こうしたものがあれば、「自問自答して心に決める」などのパターンを用いて、「私の荒魂の性質を完全に受け入れます。荒魂の性質を最高最善に発揮します。そして、それをさらに発達成長させ続けます」といった内容に置き換えましょう。

幸《さち》魂《みたま》が強い人

魂の性質が未熟だった頃（子どもの頃）

・甘えん坊、寂しがり屋、泣き虫だった。
・ひんぱんに抱っこを求め、ちょっと目を離すとすぐ泣いていた。
・少し大きくなっても、甘えん坊で、母親にべったりくっついていた。
・話せるようになると、いっぱい話を聞いてほしがった。
・親の手をわずらわせる子だった。
・弟や妹ができると、甘えたがる性質をよくないものとして扱われた。
・自分より小さな子や動物の世話をするのが好きだった。
・子犬や子猫をよく拾ってきた。

魂が発達すると……

・情に厚く面倒見がよい。
・創業社長になる人が荒魂に次いで多い（いかに人を喜ばせるかというところから事業のアイディアを思いつく場合が多い）。
・お客さんの喜ぶ顔が見たくて熱心に仕事に取り組む。
・お客さんの心をつかむのが上手。
・人の世話をするような仕事で信頼を得ている人が多い。
・強い人的ネットワークをもっている。
・人助けが好き。

魂のワーク

幸魂は、未熟なときには手がかかるうえ、傷つきやすいので、最も抑圧されやすい性質をもっています。

幸魂の強い子どもは、特にお母さんといつも一緒にいたがる傾向があり、幼少期に親が共働きで忙しかったりするととても寂しい思いをします。お母さんが出かけるときにごねたりして「どうしてそうやってお母さんを困らせるの？」といわれたかもしれません。

また、幸魂の強い子どもは、話がとりとめもなく長くなる傾向があります。これは、体験や気持ちを丸ごと共有したいという欲求のあらわれです。しかし、忙しい親は、それにつきあっていられずに話の腰を折ったり、「結論は？」「結局何がいいたいの？」と結論を急がせたりします。すると、拒絶されたように感じてしまうのです。

また、「何がいいたいのかわからない」とか、「話がとりとめなさすぎる」といった指摘をされることで、話をすること自体に苦手意識や劣等感を抱いてしまう場合もあります。

実際には、順調に成長すれば、情熱的で情緒に訴えるような話し方ができる素地をもっていたのです。

子ども時代の自分に、「甘えん坊」「寂しがり屋」「泣き虫」「手がかかる」「厄介者」「困らせる子ども」などのネガティブなイメージがあるのであれば、例えば、自分を「愛を求める人」「絆を大切にする人」としての天性をもっていたという観点で、意味づけし直すことができます。子ども時代については、例えば「愛情に敏感な子」といったタイトルでとらえることができます。

そして、絆を大切にする、人の思いに敏感だという特性を今、大人になって発揮するとしたら、どんなことができるでしょうか？　人の役に立ったり、喜ばせたり、助けたいという気持ちが強く、ハートに訴えて人を動かし、絆を育て、育む力を発揮できるのです。

このように意味づけし直すことで、自己肯定感が高まった気がしたらＯＫです。魂を抑圧から解放し、そのパワーを発揮する準備ができたということになります。

幸魂を抑圧する思考パターンには、次のようなものがあります。

「私の幸魂の性質は、～」に続いて、「悪いものだ」「聞き分けがない」「わがままだ」「拒絶される」「嫌われる」「非難される」「怒られる」「迷惑をかける」など。

こうしたものがあれば、「自問自答して心に決める」などのパターンを用いて、「私の幸魂の性質を完全に受け入れます。幸魂の性質を最高最善に発揮します。そして、それをさらに発達成長させ続けます」といった内容に置き換えましょう。

和《にぎ》魂《みたま》が強い人

魂の性質が未熟だった頃（子どもの頃）

・聞き分けがよく、場の空気を読む子だった。
・比較的手がかからない子だった。
・両親が不仲だとそれを苦痛に感じる。
・積極的に自分の意見をいうより、みんなの反応を見てから自分の態度を決める。
・控えめで大人しいという自己イメージをもっている。

魂が発達すると……

・調和や秩序を求める性質だが、求められているとなればリーダーシップをとることもできる。ただし、トップダウンではなくてボトムアップが得意。

・リーダー的存在の人も少なくないが、リーダーを補佐して根回し役やまとめ役をする人が多い。

魂のワーク

和魂の性質は、聞き分けがよく、いいつけは守り、対立や争いを避けるので、子ども時代にこの性質を否定的に扱われることで抑圧することはほとんどありません。むしろ、ほかの魂の性質を抑圧した分、和魂らしさを発達させているケースが多いものです。このため、一見和魂の性質が強い人に見えても、本質は違う場合も多いのです。

ただ、控えめで大人しいのが自分だという自己イメージがあるために、より積極的な役割やリーダーシップが求められているのに、それに自分はそぐわないといった思い込みがあることが多いので、「調和を求めチームをまとめる人」という特質をもって生まれてきたという観点で、意味づけし直すことができます。

このように意味づけし直すことで、自己肯定感が高まった気がしたらOKです。魂を抑圧から解放し、そのパワーを発揮する準備ができたということになります。

和魂を抑圧する思考パターンには、どちらかといえばまれです。あるとすれば、「私の和魂の性質は、～」に続いて、「迷惑をかける」「優柔不断だ」「すぐに迎合する」などといったものかもしれません。

こうしたものがあれば、「自問自答して心に決める」などのパターンを用いて、「私の和魂の性質を完全に受け入れます。和魂の性質を最高最善に発揮します。そして、それをさらに発達成長させ続けます」といった内容に置き換えましょう。

奇《くし》魂《みたま》が強い人

魂の性質が未熟だった頃（子どもの頃）

・一人遊びをよくしていた（典型的には男の子の場合、レゴブロック、プラモデルなど。女の子の場合、着せ替え人形、リリアンなど）。
・絵を書いたり、本を読んだりすることに熱中した。
・「なぜ？　どうして？」と問いを発することが多かった。
・思索や観察に耽《ふけ》っていることが多いので、ぼ～っとした子どもと思われていた。
・なぜそうしなければならないかをきちんと説明されれば従うことはできるが、「いいからやれ」「とにかくダメだ」というような言い方には抵抗する。
・相手のいうことの矛盾点などに気がついて指摘したり、観察魔だったりして、いわゆる「余計な一言」が多い。

・マイペースなため集団行動が苦手なのをマイナス評価されたりする。
・何でも自分なりに工夫し、いわれたとおりでなくて違う行動をとる。
・「自分勝手」とか「変わり者」といった烙印が押されることが多い。

魂が発達すると……

・探究者。
・研究熱心で、深く追究する。
・新しいアイディア・他人が思いつかないアイディアを生み出すことが上手。
・社会のさまざまなクリエイティブな分野で活躍している人が多い。
・アーティストが多い。

魂のワーク

奇魂の性質は、一人遊びを好む性質や筋を通して話をすれば理屈で理解する性質などは、肯定的に受け止められることが多いものです。

反面、「どうして」「でも」「だって」という反応が多く、「とにかく従え」といったやり方に抵抗するので、「生意気」「素直じゃない」「屁理屈が多い」などのレッテルを貼られることがあります。

実際には、どうしてそうしなければならないか、どうしてはいけないかを筋道立てて説明し、納得すれば従うことはできるのです。「どうして」というのはちゃんと納得したいという意味で、「でも」は、違う考え方があるということを聞いてほしいという意味で、「だって」は、理由を説明させてほしいという意味があったのです。

また、観察魔で、「余計な一言が多い」といわれます。例えば、家にきたお客さんがカツラを着けていることを見抜き、「あの人の頭、カツラだよね」などと口にして、口を塞がれることもあります。また、親のいうことでも、以前いったことと違うとか、理屈に合わない点などを指摘して親を怒らせてしまうこともあります。

また、自分の世界に浸っていることが多く、集団行動についていけなかったり、ぼ～っとしていると見なされたり、奇抜な発想をしていわれたことと違うことをしたりして、変わり者呼ばわりされることもあります。

このような理由で、自分の子ども時代にネガティブなイメージをもっているのであれば、子ども時代の自分を「小さな哲学者」とか、「探究者」といった観点から意味づけし直すことができます。

このように意味づけし直すことで、自己肯定感が高まった気がしたらOKです。魂を抑圧から解放し、そのパワーを発揮する準備ができたということになります。

奇魂を抑圧する思考パターンには、次のようなものがあります。

「私の奇魂の性質は、～」に続いて、「悪いものだ」「生意気だ」「変わり者だ」「自分勝手だ」「嫌われる」「非難される」「怒られる」など。

こうしたものがあれば、「自問自答して心に決める」などのパターンを用いて、「私の奇魂の性質を完全に受け入れます。奇魂の性質を最高最善に発揮します。そして、それをさらに発達成長させ続けます」といった内容に置き換えましょう。

魂は磨けば磨くほど輝く

いかがでしたか？　子ども時代のあなたを表現するのに、お気に入りの表現は見つかったでしょうか。人によっては、複数の性質が顕著だった人もいると思いますので、いくつネーミングしてもＯＫです。思わずニンマリしたり、くすりと笑ってしまったり、あるいはほっとするようなネーミングを考えてみてください。うまいネーミングが見つかると、楽しくなって自己肯定感が増すと思います。

魂の性質に、良い、悪いはありません。ただ、個性として与えられたものです。どの性質も、未熟だった段階では、生きづらさにつながる面があったかもしれませんが、どの性質も完全に受け入れて磨いていけば、まさに宝物。あなたの魂の性質を、完全に受け入れて肯定できるようになるといいですね。

ほかの誰かのように生きるのではなく、人からの評価を求めて生きるのではなく、ただ、最高にあなたらしく、最高の自分を生きること、あなただからできることをやること、あなただけの生き方をすること、それが魂の歓喜の状態です。

荒魂《あらみたま》が発達すると、大きな目標を決めたら、それに向かって邁進することを心からワクワクし楽しむようになります。

幸魂《さちみたま》が発達すると、人を喜ばせること、助けることにハートから熱いものを感じるようになります。

和魂《にぎみたま》が発達すると、調和や平和、よりよい秩序を求め、人と人をつなげることに生きがいを感じるようになります。

奇魂《くしみたま》が発達すると、真理や美を探究することに夢中になります。創意工夫し、世の中に新しい叡智や美をもたらすことに喜びを感じるようになります。

魂からの喜びを意欲の源泉にできたとき、もう「しゃかりきモード」を使って自分を奮い立たせる必要はなくなります。人からの評価とか、人との比較ではなく、自分自身の喜びが基準になります。それでいて他者への貢献は織り込みずみです。

そして、これらすべての性質が発達し、開花し、統合されたとき、それは、あなただからできること、あなただから心から喜びにできることを見つけることができます。

魂の性質は、幼いときには、養育者に都合の悪い側面をもつことがありますが、魂の性質自体は、何も悪くはないばかりか、どれもすばらしい性質です。そのことが心から納得できたうえで、魂を抑圧する思い込みがあれば、「自問自答して心に決める」などのパターンでセルフワークを行って解消していきましょう。

その場合には、手放す思い込みを「私の○魂の性質は、○○だ」または、「私の○魂の性質は、○○される」といった構文で表し、代わりに「○魂を完全に受け入れる」「○魂の性質を最高最善に発揮する」「○魂を発達成長させ続ける」などに置き換えましょう。

四魂のワーク

四魂《しこん》には、それぞれの特有の感覚があります。それぞれの魂の感覚を味わい、その感覚を拡張します。このワークを日常的に行うと、自分の魂が望むことがわかるようになります。また、喜びや意欲が湧きやすくなり、顕在意識で考えることと魂が欲することが一致するようになって願望実現力が高まります。

しかし、魂の感覚を拡張しようとするときに抵抗が起こることもあります。それは、インナーチャイルドに魂を抑圧する思い込みが残っているということです。これまでに紹介したいずれかのテクニックで、それを解消してから再トライしましょう。

ワークの順番は、私の経験上からいえば、**幸魂**《さちみたま》、**和魂**《にぎみたま》、**奇魂**《くしみたま》、**荒魂**《あらみたま》の順番がやりやすいようです。すべて軽く目を閉じてリラックスし、深くゆったりした呼吸をしながら行います。

「愛《あい》の魂」・幸魂《さちみたま》のワーク◇相愛を求める

恋人や子ども、動物などで、心から愛しいと思える対象を思い浮かべたときに、思考以前に、愛しいという感覚が体のどこかからか湧き上がるのを感じます。多くの場合、この感覚は胸の中心あたりで感じることができます。

嫌われた、冷たくされた、ないがしろにされた、裏切られたと感じたときには、同じ部分が痛みのような感覚を生み出すはずです。

そして、これまで幸魂を通じて味わってきた喜びと痛みをすべてありのままに受け入れます。幸魂が何を望み、何を喜びとするのかを感じながら、しばし、幸魂と主に過ごしている感じを味わいます。

幸魂の喜びの感覚に意識を集中し、そのエネルギーがどんな色や形、感触、温度などで感じられるかイメージします。どんなイメージになるかは、人により異なりこれが正解というものがあるわけではありません。典型的には、胸の中心あたりにピンク色の丸くて暖かい感じです。これは愛のエネルギーです。

そして、そのエネルギーがどんどん強く大きくなるイメージをします。全身に行き渡り、さらに体の外へ広がり、部屋いっぱいに広がり、街いっぱいに広がり、日本全体を包み込み、ついには地球全体をすっぽりと包み込んでいきます。

その状態で、しばしその状態を味わいます。

「親《しん》の魂」・和魂《にぎみたま》のワーク◇調和を求める

特別にいいことがあったわけでもない平凡なとある日に、ただ家族がいる、友人や仲間がいる、自分が属するグループ（会社など）があり、そこに秩序があり、平和があり、自分の居場所があり、自分の役割があるということによって得られる安心感、安らぎの感覚を探すことができます。

この感覚は、多くの人は、みぞおちのあたりで感じるといいます。首からおなかまでの広い範囲でぼわっと広がっているという人もいるようです。

家族や自分が属するグループの中でいさかいがある、自分の居場所がない、自分がみんなのために役に立っていないと感じると、同じ部分が苦痛の感覚を生み出すはずです。

そして、これまで和魂を通じて味わってきた喜びと痛みをすべてありのままに受け入れます。和魂が何を望み、何を喜びとするのかを感じながら、しばし、和魂と主に過ごしている感じを味わいます。


和魂の喜びの感覚に意識を集中し、そのエネルギーがどんな色や形、感触、温度などで感じられるかイメージします。どんなイメージになるかは、人により異なりこれが正解というものがあるわけではありません。典型的には、みぞおちあたりにグリーンやブルーやイエローのぼやっとした感じです。これは調和のエネルギーです。

そして、そのエネルギーがどんどん強く大きくなるイメージをします。全身に行き渡り、さらに体の外へ広がり、部屋いっぱいに広がり、街いっぱいに広がり、日本全体を包み込み、ついには地球全体をすっぽりと包み込んでいきます。

その状態で、しばしその状態を味わいます。

「智《ち》の魂」・奇魂《くしみたま》のワーク◇真理を求める

欲しかった情報が得られたとき、知識を用いて問題を解決したとき、わからなかったことがわかったとき、美しいものに感動したとき、あるいは作品をつくるなど創造するときのエキサイティングな感覚を探すことができます。

この感覚は、多くの人が額《ひたい》に存在すると感じます（思考する脳そのもののことではありません）。

わからないとき、自分の考えやつくったものがけなされたり、侮辱されたと感じたりしたときには、同じ部分が苦痛の感覚を生み出すはずです。

そして、これまで奇魂を通じて味わってきた喜びと痛みをすべてありのままに受け入れます。奇魂が何を望み、何を喜びとするのかを感じながら、しばし、奇魂と主に過ごしている感じを味わいます。

奇魂の喜びの感覚に意識を集中し、そのエネルギーがどんな色や形、感触、温度などで感じられるかイメージします。どんなイメージになるかは、人により異なりこれが正解というものがあるわけではありません。典型的には、額の中央あたりに白や紺や紫の澄んだ光というような感じです。これは智の光です。

そして、その光が放たれると、すべての事象の中に流れる発展法則や物事の深い本質や背景が透けて見えるイメージをします。

そして、見える範囲をどんどん拡張するイメージをしていきます。そして宇宙全体を俯《ふ》瞰《かん》し、素粒子よりもミクロな世界も同時に観察し、その精緻さや壮大なプランの一端をかいま見て感嘆している気分に浸ります。

その状態で、しばしその状態を味わいます。

「勇《ゆう》の魂」・荒魂《あらみたま》のワーク◇達成を求める

欲しかったものを手に入れるとき、何かを実現するとき、何かを達成するときのエキサイティングな感覚が湧き上がるのを確認できます。

この感覚は、ある人は下腹部からだといい、別な人は全身だといい、背中に感じるという人もいます。

できない、無理だと断念するとき、達成できなかったとき、負けたとき、邪魔されたと感じたときには、同じ部分が苦痛を生み出すはずです。

そして、これまで荒魂を通じて味わってきた喜びと痛みをすべてありのままに受け入れます。荒魂が何を望み、何を喜びとするのかを感じながら、しばし、荒魂と主に過ごしている感じを味わいます。

荒魂の喜びの感覚に意識を集中し、そのエネルギーがどんな色や形、感触、温度などで感じられるかイメージします。どんなイメージになるかは、人により異なりこれが正解というものがあるわけではありません。典型的には、背中から燃え上がる炎や立ち上る金の龍のようなイメージです。これは創造の炎です。

そして、そのパワーがどんどん大きくなり、さまざまなチャレンジ、さまざまな創造を欲しいがままにしている気分に浸ります。

その状態で、しばしその状態を味わいます。

4つの魂を一体化させる

それぞれの魂で慣れたら、**「幸魂《さちみたま》と奇魂《くしみたま》」**または**「和魂《にぎみたま》と荒魂《あらみたま》」**の感覚を同時に味わいながら、それらのエネルギーが交ざり合った感じもトライしてみましょう。

幸魂と奇魂では、愛と叡智の融合、**和魂と荒魂**では、調和とリーダーシップや創造の融合というテーマです。

それらにも慣れたら、すべての魂の感覚を同時に味わい、それらすべてのエネルギーが交ざり合い一体になる感じに浸ってみましょう。

おそらく虹の色をすべて含んだ白っぽい光で世界を包むようなイメージになります。その中には、愛と叡智と調和と創造のすべてが含まれています。

そのエネルギーの中で、ネガティブな感情、ストレス、不必要な思考パターンなどが溶かされ、蒸発して消えていくイメージをします。

このイメージがつくれるようになると、強力なストレス解消法になります。

この状態の中で、魂が最高に喜ぶとはどういう感じなのか、魂が最高に喜ぶことは何か探ることができます。

逆に、この状態のときに、望んでいることが実現するイメージをすることもできます。

これは強力な願望実現テクニックになります。

このテクニックを日常的に用いることで、だんだん顕在意識で考えることと魂が欲することが一致するようになり、願いや望みはとても現実化しやすくなります。

「しゃかりきモード」で向上心を維持してきた人の場合、このテクニックを使い、魂から湧いてくる意欲や喜びによって向上心を保つことに次第に置き換えることで、「しゃかりきモード」を手放し、ひいては、インナーチャイルドを解消することができるのです。

願望実現への道のり

これまで多くの人が願望を実現するためには、目標を明確にしてはっきりしたイメージをもつことの大切さを語ってきました。本書の内容は、これを否定するものではなくて、むしろ補完するものです。

私たちが旅行をするときには、まず行き先を決めてから、何を使ってそこに行くのかを決めると思います。たまたまフライト便があったからそれに乗ったとか、船に乗ったなどということはないと思います。ところが多くの場合で人生に関しては、もっとお金があったら……もっと時間があったら……もっと知識があったら……というような考え方をしがちです。これでは結局流されがちになります。

ただし、人生の旅路においては、途中で新しい出会いがあり、目標が変わる場合があります。私自身も最初から、セラピスト、カウンセラーを目指したわけではありませんでした。結果的に目標が変わってもいいのです。それでも、新しい出会いや目標は、最初の目標があったからあり得たのです。

そして、目標や願望を設定すると、そこに向かうのを妨げるような思い込みが立ち上がってきます。そのとき、セッションを受けたり、セルフワークを行ったりすると効果的です。なぜなら変わる必然性が生まれているからです。

本書を読まれたあなたには、もっと幸せになることや豊かになること、成功することなどを、どんどん自分に許可して実現していただきたいと願っています。

体験談

無理してがんばらない。怒りを手放し穏やかな性格に変わりました

紀野真衣子さん　20代・女性

私は、もともとは自分で作詞作曲をしてライブハウスで歌うなどの音楽活動をしていました。しかし、いろいろな心理系のスキルを学んで独自のカウンセリング・サービスを仕事にしたいと思い、音楽活動を休止しました。

私は、昔から人間の心について考えることが好きで、心理カウンセリングの仕事にも興味がありました。いろいろなスキルを学ぶ過程で、鈴木先生が講師のセミナーに参加したことが出会いのきっかけでした。

私は、子どもの頃から探究心旺盛で、納得がいくまで調べたり質問をしたりする性格でした。鈴木先生が講師のセミナーに参加したときも、たくさん突っ込んだ質問をしました。答えるのがむずかしそうな、ややこしい質問ばかりだったにもかかわらず、先生はイヤな顔一つせずに、ていねいに納得のいく説明をしてくださいました。

私は、いろんなことに対し、「くやしい！」とか、「認めさせたい！」と思ってがんばるほうでしたが、その分怒りっぽいところがありました。また、「人は頼りにできないから自分でがんばらなきゃ！」と思うところもあり、それが寂しくもありました。でも、それ

の丸ごとが私だと思っていたので、それはそれでいいと納得していました。

ところがセミナーの中で、そういう心のクセが「いじめられ不信チャイルド」や「見捨てられ不安チャイルド」の「しゃかりきモード」だと気づきました。そして、違うやり方でやる気を出す方法に置き換えることで、もっと物事がうまくいくとわかったのです。

また、荒魂と幸魂を抑圧して生きてきたことにも気がつき、それらをワークで解放しました。そして、「しゃかりきモード」の代わりに魂からの意欲によって向上心を保つやり方に置き換えることができました。

以来、内心で「ムカッ」とすること自体が減り、彼氏や家族にも「最近穏やかになったね」と驚かれたほどです。

今では私もカウンセラーとして活動していますが、カウンセリングの際、インナーチャイルドやインナーベビーの話をすると、皆さん「自分に当てはまりすぎて笑っちゃいます」といった反応をされます。

従来的なカウンセリングのやり方では、扱うときに深刻なムードになりがちだった幼少期のつらい体験やトラウマからくる心の問題も、和気あいあいと明るいムードで特定して解消できてしまうのも、このプログラムの魅力です。

私は、インナーチャイルドを「囚われのヒロイン」、インナーベビーを「わがまま姫」と言い換え、ほかの心理系の理論と融合させ、独自のスタイルのカウンセリングを確立しました。こういうことができるのもこのプログラム

ログラムの魅力です。

　そして、今では、ダイエット、恋愛、女性ならではの幸せといったテーマのカウンセリングを行っていますが、向上心をもったすばらしいクライアント様に恵まれ、仕事も順調です。

　鈴木先生との出会いに本当に感謝しています。

エピローグ――自分を深く知ること。それが幸せへのスタート

最後までお読みくださいましてありがとうございました。

あなたは、自分自身の中でどんなインナーチャイルドとインナーベビーを発見しましたか?

あなたの魂の本質がすばらしいものだということを理解できましたか?

こんなに努力してがんばって生きてきたのに、なぜ思うように望んだ現実を引き寄せられないのか、もうその理由はおわかりになりましたか?

本書では、誰でもが手軽に行えるようなセルフワークをたくさんご紹介しました。まずは自分にできそうなワークから始めてみてください。

最初からうまくいかなくても、落胆する必要はありません。やった分だけ潜在意識では、少しずつですが変化が起きています。未来には希望があります。そして人生は必ず好転します。何度でも挑戦してみてください。

私自身も、報《むく》われないがんばり方を報われるがんばり方に変更することができました。その結果、仕事の成功、収入増、パートナーとの関係、幸福感、さまざまな願望の実現などが得られ、人生は大きく変わりました。

そして、私のところへ相談に来られたクライアントさんも次々に人生を好転させていきました。長年苦しんだうつや睡眠障害、摂食障害を改善できた人などもいます。中には、年収を何倍にも増やした人もいますし、理想の相手と出会い結婚できた、好きなことを仕事にして起業できた……などなど、喜びの報告が続々と届けられています。

誰でも知らず知らずのうちに、潜在意識の中にネガティブな思い込みをもっています。それを見つけ、適切に対処することで、あとは自分に許可しただけのものが手に入るようになるのです。

最後まで読んでくださったあなたも報われないがんばり方を卒業していただきたいと願っています。この本はそんなあなたを応援するために書きました。大いにご活用ください。

なお、本書の背景にあるのは、私がさまざまな心理療法の理論や方法を応用しながら、独自の研究を加えて体系化したLibertyWings® プログラムの考え方です。この考え方に基づいて個人セッションや、このプログラムを習得するためのセミナーを適時開催しています。

本書で紹介した潜在意識のメカニズムに働きかけることは、心理療法の世界で最もむずかしいテーマと考えられてきたことです。インナーチャイルドやインナーベビーの考え方や性質が、その人の個性や人格そのものであるかのように思い込んでいる場合が多いからです。また、セルフワークをしようとしても自分のことが一番わかりにくいという場合がありますし、変化に抵抗が起こることもあります。

そういう場合には、個人セッションによってサポートを受けられたほうがよいと思います。また、実際の個人セッションでは、Vianna's《ヴァイアナの》 ThetaHealing《シータヒーリング》®と呼ばれるテクニックを併用しています。このテクニックでは、潜在意識の思考パターンを瞬時に書き換えられるほか、潜在意識にさまざまな概念、考え方をダウンロードしてプログラムすることもできます（個人セッションやプログラム習得にご興味がある方はウェブサイトをご覧ください）。

最後になりますが、このようなご縁をいただいたこと、本書の出版にご尽力いただいたことに感謝します。関係者の皆様に厚く御礼申し上げます。

●本書で使われる用語と心理学用語の対照表

本書では、読みやすくするために、心理学用語を本書用の用語に置き換えて用いています。広く使われる心理学用語のどの概念に対応しているかを表で示します。

本書での用語	心理学用語
恥と卑下のチャイルド	欠陥／恥スキーマ
いじめられ不信チャイルド	不信／虐待スキーマ
見捨てられ不安チャイルド	見捨てられ／不安定スキーマ
失敗予測チャイルド	失敗スキーマ
罰と罪悪感のチャイルド	罰スキーマ
いいなりモード	服従（コーピングスタイル）
逃げモード	回避（コーピングスタイル）
しゃかりきモード	過剰補償（コーピングスタイル）

また、インナーベビーという用語や概念は、著者のオリジナルですが、心理学用語風の言い方でイニシャルスキーマとも呼んでいます。その対応も示します。

本書での用語	心理学用語
要求するベビー	要求のイニシャルスキーマ
守られたいベビー	保護のイニシャルスキーマ
喜ばれたいベビー	祝福のイニシャルスキーマ
理解されたいベビー	理解のイニシャルスキーマ
独占したいベビー	独占のイニシャルスキーマ
優越したいベビー	優越のイニシャルスキーマ
万能でいたいベビー	万能のイニシャルスキーマ
ほめられたいベビー	承認と賞賛のイニシャルスキーマ

【参考文献】

◉ジェフリー・E・ヤング、ジャネット・S・クロスコ、マジョリエ・E・ウェイシャー『スキーマ療法――パーソナリティの問題に対する統合的認知行動療法アプローチ』金剛出版

◉ロバート・L・リーヒイ『認知療法全技法ガイド――対話とツールによる臨床実践のために』星和書店

◉リチャード・バンドラー、ジョン・グリンダー『ＮＬＰ神経言語学的プログラミング　リフレーミング――心理的枠組みの変換をもたらすもの』星和書店

◉コニリー・アンドレアス、スティーブ・アンドレアス『心の扉を開く――神経言語プログラミング実践事例集』東京図書

◉ウィリアム・グラッサー『グラッサー博士の選択理論――幸せな人間関係を築くために』アチーブメント出版

◉T・バーニー『胎児は見ている――最新医学が証した神秘の胎内生活』祥伝社

◉アブラハム・H・マズロー『完全なる人間――魂のめざすもの』誠信書房

◉出口光『人の心が手に取るように見えてくる』中経出版

◉ヘイル・ドゥオスキン『人生を変える一番シンプルな方法――世界のリーダーたちが実践するセドナメソッド』主婦の友社

◉ナポレオン・ヒル『自己実現』きこ書房

◎著者紹介

鈴木　清和（すずき　きよかず）

セラピスト・心理カウンセラー
癒しのサロン HBI チーフ
URL　http://hbi-salon.com/session/
E-mail　kiyokazu@pf6.so-net.ne.jp

LWP ヒーリングセッション　検索

1963 年生まれ。横浜市出身。セラピスト & カウンセラー歴は 20 年。

筑波大学第二学群生物資源学類三年次中退後、調理職、営業職などを経て MRA 総合研究所、IHM 総合研究所（波動と水を科学する企業）で研究職、カウンセラーとして約 5 年勤務。1999 年、カウンセリング&ヒーリングルーム「癒しのサロン HBI」を開設。

さまざまな心理療法の技法を学びつつ、1 万数千事例に及ぶクライアントのデータ分析などから、潜在意識の基本構造全体を解き明かし、早く・深く・広く変化を促す目的で独自に「LibertyWings® プログラム」を開発。これは、インナーチャイルド・インナーベビーを解消し、魂を抑圧から解放することを通じてさまざまな心理的問題を解決し、人生の可能性を広げるためのプログラムである。

主に個人セッションを行っており、定期的にセミナーを開催し、後進の育成にもあたっている。

- アメリカンホリスティックカレッジオブニュートリション博士課程修了
- NLP マスタープラクティショナー
- AEAJ 認定アロマセラピスト & インストラクター
- シータヒーリングインストラクター

主な著書

『根源の光と共に —— 私が体験したシータヒーリング』
『インナーチャイルドヒーリング —— 人生を変える魔法』
『ここまで変わる!!　酵素ダイエット』（共著）
『報われない頑張り方を卒業する本』（電子書籍）
『プロフェッショナルのための掘り下げ読本』（電子書籍）

恋愛　仕事　人間関係
「思考」をつくる心の奥の秘密

すべては変えられる

発行日	2014年3月22日　第1刷発行
著者	鈴木清和
発行人	菊池　学
発行	株式会社パブラボ 〒101-0043　東京都千代田区神田富山町8番地 TEL 03-5298-2280　FAX 03-5298-2285
発売	株式会社星雲社 〒112-0012　東京都文京区大塚3-21-10 TEL 03-3947-1021
イラスト	Bass-man　梅本　昇
ブックデザイン	T-wrap　鶴見雄一
編集	田中智絵
編集協力	北村八恵子
スタッフ	齋藤史朗　渡嘉敷俊允　伊藤宣晃　三澤　豊 木村　馨　後藤梨香　薗部寛明　久田敦子 佐藤賢一　中山浩之
印刷・製本	シナノパブリッシングプレス

ISBN 978-4-434-18735-3

パブラボの本

一流の眼力、その養い方

川北義則　定価：本体1000円＋税

「見込み違い」はどこから来るのか、なぜ「見誤る」のか

見ることとは、感じることや考えることの入口である。視界に入ってきたモノや人、出来事を自分の「血や肉」とするための「見方」とは。

「ひと言」力。サッと書いて、グッとくる99の方法

中谷彰宏　定価：本体1400円＋税

相手も自分も元気になれる伝え方

ひと言の使い方で印象は大きく変わります。ダラダラ言っても相手は聞いていないもの。今日から使える99の文章テクニックを紹介。

「パブラボの本」

成熟力
「45歳から」を悔いなく生きるリスタート!

齋藤 孝　定価：本体1400円＋税

仕切り直して、不安から一生解放される生き方

お金・健康・仕事・親の介護・人間関係・雑談…。成熟世代のあなたが、人生の終点までを悔いなく生きるためのヒントを贈ります。

「やりたくない!」が心からみるみる消える47の習慣術

和田秀樹　定価：本体1400円＋税

たくさんの「やりたくない!」への対処法

「やりたくない!」には原因があって、その対策もあります。まずは、その対策をやってみましょう。必ず未来は開けます。

「パブラボの本」

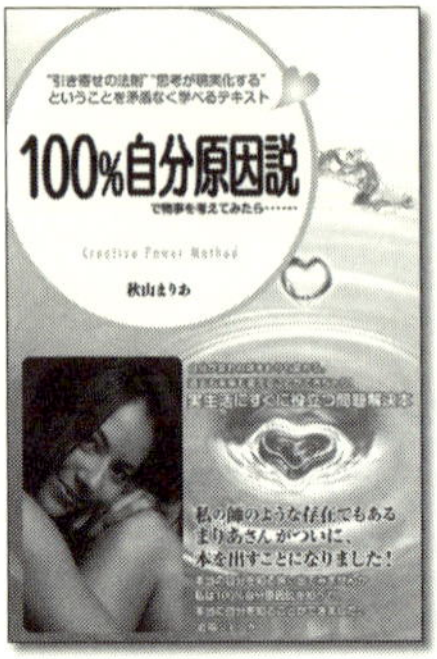

100%自分原因説で物事を考えてみたら……

秋山まりあ　定価：本体1680円＋税

「引き寄せの法則」や「思考が現実化する」を学びましょう

100%自分原因説で物事を考えると、自然体になり、肩の力も抜け、とってもイージーに生活が変わります。道端ジェシカさん推薦！

もっと100%自分原因説で物事を始めてみたら……

秋山まりあ　定価：本体1680円＋税

待望の第2弾！

自分が変わればまわりも変わる。過去も未来も変えることができちゃう！　実生活にすぐに役立つ問題解決本。